AF484142

VIVIR
Limitle$$

Luis García Ruiz

VIVIR
Limitle$$

Autor del bestseller "Empieza vivir ahora"

Título: Vivir limitle$$
Subtítulo: Lo que crees, creas
Autor: Luis García Ruiz
Editorial Aprendedores

Primera edición: 23 de junio de 2022
© Luis García Ruiz-ahora@lgaruiz.com
Diseño de portada: Manu Ortega
Maquetación: Romeo Ediciones

I.S.B.N.: 978-84-125811-0-2
Depósito Legal: AB 351-2022

Nota a los lectores: esta publicación contiene las opiniones e ideas de su autor. Su intención es ofrecer material útil e informativo sobre el tema tratado. Las estrategias señaladas en este libro pueden no ser apropiadas para todos los individuos y no se garantiza que produzca ningún resultado en particular. Este libro se vende bajo el supuesto de que ni el autor, ni el editor, ni la imprenta se dedican a prestar asesoría o servicios profesionales legales, financieros, de contaduría, psicología u otros. El lector deberá consultar a un profesional capacitado antes de adoptar las sugerencias de este libro o sacar conclusiones de él.
La publicación de esta obra puede estar sujeta a futuras correcciones y ampliaciones por parte del autor.

"Llegó con tres heridas:
          la del amor,
     la de la muerte,
       la de la vida.

Con tres heridas viene:
        la de la vida,
         la del amor,
      la de la muerte.

Con tres heridas yo:
           la de vida,
      la de la muerte,
        la del amor".

MIGUEL HERNÁNDEZ

*A mi hijo Luis, porque tú eres más valiente de
lo que crees, más fuerte de lo que pareces,
más inteligente de lo que piensas y más amado de lo
que imaginas, con AMOR, papá te ama.*

ÍNDICE

PRÓLOGO

He llegado a preguntarme si sus días tienen más horas que los míos. La respuesta está en este libro, que considero es lectura obligatoria para todo aquel que quiera conseguir la mejor versión de sí mismo.

Ese es Luis García Ruiz. La mejor versión de un ser humano que no se rinde, que si siente miedo lo enfrenta, lo mira a los ojos y le dice: apártate.

El miedo no es un obstáculo para él, al contrario, es un motivo para conseguir su mejor versión. Luis es un hombre que vive los días como el título de una canción que nos identifica a ambos que se llama: "HAZLO", como si fueras a morir mañana.

Me siento tremendamente afortunado de ser su amigo y de poder contar siempre con su apoyo incondicional.

Conocer a Luis es sin duda toda una experiencia, me recuerda a diario que los límites son mentales, que no hay excusas y que vale la pena luchar cada segundo por nuestros sueños.

Querido lector, te recomiendo este libro 100 %, es una herramienta que te será muy útil cuando sientas ganas de tirar la toalla.

PAUL MONTIEL

*Autor del libro "Hombre de Titanio:
Una historia de superación".*

@HOMBREDETITANIO

¡VIVIR LIMITLE$$!

¿Para qué quieres vivir limitle$$?

¿Qué pasaría si…?

Albert Einstein solía decir que, para un científico, lo importante era no dejar de hacer preguntas. Recuerda esta frase:

"Si yo tuviera una hora para resolver un problema y mi vida dependiera de la solución, gastaría los primeros 55 minutos para determinar la pregunta apropiada, porque una vez supiera la pregunta correcta podría resolver el problema en menos de cinco minutos".

¿Sabes que este no es un libro normal?

Lo que vas a hacer al leer este libro, es empezar un viaje mágico que cambiará tu vida para siempre. Lo que tienes en tus manos es mucho más que un libro.

Tendrás que reconsiderar aspectos de tu vida que han estado muchos años en piloto automático.

Este libro es poderoso y tu forma de ver el mundo cambiará. Garantizado. La lectura se complementa con varios contenidos adicionales y ejercicios.

Desde hoy te invito a cuestionarte todo en la vida y a compartir tus ideas conmigo y con la comunidad de aprendedores que estamos creando para empezar a vivir limitle$$.

Puedes acceder a la página web:

<u>www.lgaruiz.com/vivirsinlimites</u>

Mi tiempo y el tuyo es lo más valioso que tenemos, y a mí no me gusta desaprovecharlo. Por eso, me he esforzado por ofrecer el máximo valor posible en cada una de las páginas del libro que tienes en tus manos.

Estoy deseando saber más de ti.

Facebook.com/lgaruiz

Instagram.com/lgaruiz

Utiliza el hashtag #VivirLimitless

Para conocer más sobre mí, visita mi página web:

<u>http://www.lgaruiz.com</u>

¿QUIERES VIVIR LIMITLE$$?

¿Qué es vivir?

Cada persona ve y vive la vida de una manera diferente, porque las circunstancias de cada una son distintas a las de los demás.

Muchas preguntas no son respondidas, porque en realidad, son creencias. La mayoría de personas las plantean como afirmaciones absolutas.

La vida no es un problema para ser resuelto, es un misterio para ser vivido

¿Cuál es tu forma de ver la vida?

La vida: "es lo que tú quieres que sea", ni más ni menos.

Cada persona ve la realidad, lo que ocurre y lo que le sucede con su MENTE.

La vida es un sueño, un regalo. ¿No sería maravilloso poder escoger qué soñar? Es lo que creemos que es, y cuanto más creemos en ella, más nos dará.

Puedes elegir ser una víctima o ser 101 % responsable y asumir las circunstancias como retos para mejorar, crecer y apreciar la vida de una manera mucho más intensa.

¡Disfruta la vida limitle$$!

¿Qué significado tiene para ti vivir limitle$$?

En mi caso, me costó más de diez años terminar mis estudios en la Universidad, pero los acabé. Estudié Ingeniería Informática y en realidad soy un "hacker", pues eso es lo que he hecho con mi vida.

He "fracasado" en más de una veintena de ideas de negocio, antes de que una funcionará.

Tuve que abandonar mi casa, dejar la vida que había soñado vivir y volver a la casa de mis padres.

Me he arruinado en múltiples ocasiones, pasando más de diez años luchando porque mis empresas salieran adelante, mientras vivía en un dormitorio en la casa de mis padres.

La vida te dará todo lo que necesitas solo si confías en lo que mereces.

Como te he contado en mis otros libros, con 29 años experimenté una situación que cambió para siempre mi vida.

Dos palabras cambiaron mi vida: Esclerosis Múltiple.

Una [XAPA] = [EM] que me permitió transformar mi vida. Cuando hablo de una [XAPA] me refiero a un "etiqueta" porque a todos nos han puesto "etiquetas".

Todo esto sucedió porque me considero un aprendedor limitle$$.

> ***"El destino es el que baraja las cartas, pero nosotros somos los que jugamos".***
>
> WILLIAM SHAKESPEARE

En este libro he reunido mis experiencias vitales y todo lo que he aprendido de mentores y maestros excelentes como Tony Robbins, Robin Sharma, Robert Kiyosaki, T. Harv Eker,

Carlos Delgado, Lain García Calvo y Jesús Honrubia, entre muchos otros; y los más de 1.000 libros que he leído hasta el momento de escribir mi cuarto libro, que estás leyendo ahora.

He aprendido de tantas personas **EXTRAordinarias** que se han cruzado en mi camino, para convertirme en la persona que soy hoy.

Todo empieza cuestionando la vida con preguntas. Tienes que cambiar las reglas de tu vida, deshacerte de las viejas creencias y elegir lo que quieres creer, para vivir limitle$$.

¿Cuáles son tus creencias y tus hábitos?

Existen secretos sobre el modo en que funciona el mundo y la verdad es que tú puedes reprogramar, es decir, hackear tu vida y el mundo que te rodea.

Pregunta a tus conocidos qué tipo de expresiones empleas habitualmente. Cambia tus expresiones [negativas] por otras [positivas].

Tu MENTE hace lo que cree que tú quieres, lo que dices que quieres, ni más ni menos. Si quieres vivir una vida limitle$$, ¿qué cosas tendrás que decirte?

Walt Disney nos invitaba a creer en un mundo de fantasía en el que cualquier cosa puede hacerse realidad.

> *"Pregúntate si lo que estás haciendo hoy se acerca al lugar donde quieres estar mañana".*
>
> **WALT DISNEY**

Howard Gardner, padre de la Teoría de las Inteligencias Múltiples, asegura que tenemos de serie ocho tipos de inteligencia: lógico-matemática, lingüística, naturalista, intrapersonal, interpersonal, musical, espacial y cinético-corporal.

Algunas personas pueden destacar más en matemáticas y otras en música. A pesar de que cada uno de nosotros poseemos un tipo de inteligencia más destacada, el entorno es fundamental para desarrollarla.

Nuestra familia, nuestros amigos y nuestra educación han sido esenciales para crear muchos de los límites que nos hemos autoimpuesto sin pensar.

Los niños no tienen ningún límite en cuanto a intentar cualquier cosa que quieran hacer, porque se creen capaces de hacer todo. Pero ¿cómo aprenden los niños en el actual sistema educativo?

En el mundo existen millones de personas. ¿Cuántas se dedican a hacer las cosas que les apasionan? La mayoría de personas hacen de su vida una rutina en la que los días pasan sin ningún sentido especial. Tienen un trabajo, una familia o una pareja, pero sienten un vacío.

¿Cuánto tiempo esperan para vivir la vida que quieren?

La vida es solo una, solo una oportunidad para vivir y experimentar lo que quieras. Nuestra vida es lo más valioso que tenemos.

Piensa en lo que harías si no tuvieras miedo.

¿Tienes miedo al amor porque una vez te hicieron daño y quizás te lo hagan otra vez?

¿Tienes miedo a dejar un trabajo que no te gusta porque no sabes si encontrarás otro trabajo o lograrás pagar tus facturas?

¿Tienes miedo a decir lo que piensas para evitar que te rechacen o por lo que puedan pensar los demás de ti?

No tenemos miedo, tenemos creencias

Los límites solo están en tu mente y realmente no existen. Son creencias que hemos adquirido desde que éramos niños.

Sin embargo, nos han educastrado desde pequeños a no ser ambiciosos y a no pretender querer más de lo necesario por el hecho de ser "humildes".

Y, en realidad, la humildad no está relacionada con la falta de riqueza. El problema radica en nuestra relación con esa riqueza.

En el budismo, donde se predica la humildad, se está a favor de una sana ambición para ser mejores personas cada día. Es habitual pensar que las personas ambiciosas pasan por encima a los demás para lograr sus metas, pero esto no es real.

Los límites desde que nacemos están presentes por lo que nos dice nuestro entorno, lo que nos creemos y las experiencias que vivimos.

> *"Algunos padres están dispuestos a hacer cualquier cosa por sus hijos, menos dejarles ser ellos mismos".*
>
> BANSKY

Las opiniones de los demás y lo que cada uno pensamos de nosotros mismos condiciona nuestra vida.

En el colegio nos ponen una nota y nos etiquetan por el rendimiento académico. A modo de profecía autocumplida las etiquetas, tarde o temprano, se corroboran.

Por ejemplo, un niño crece escuchando lo guapo que es, asumirá que es una de sus virtudes y querrá mantener una buena apariencia. Quizás, no se esforzará en la escuela o tendrá dificultades para hacer amigos, porque nunca le dijeron que era inteligente y le recalcaron su timidez.

Las creencias definen cómo nos relacionamos

Aprendemos en base a cómo nos definen los demás. Si creo que se me dan mal las matemáticas, no encontraré motivación para entenderlas.

Si me veo a mí mismo como alguien pesimista, nunca buscaré cambiarlo, porque es mi forma de ser y no hay nada que hacer.

El efecto Pigmalión

Cuando los niños empiezan el colegio, las expectativas afectan sus notas. Los niños que son considerados más capaces por los maestros obtienen mejores notas y mayores progresos.

Los maestros y padres se relacionan con los niños en base a sus creencias.

Si los padres piensan que su hijo es desobediente, se dirigirá a él con una actitud más impositiva. Esto hará que el niño se oponga y confirme la expectativa de los padres.

Lo mismo ocurre cuando un maestro piensa que un niño es vago o poco inteligente; porque no le ofrece los mismos recursos de aprendizaje que a otros que considera más capacitados.

¿Dónde están los límites?

Tenemos que decidir lo que seremos de mayores sin saber realmente quiénes somos ni lo que queremos.

Nos pasamos la vida en un constante juicio a los demás y a nosotros mismos.

¿Y si fuéramos ese niño soñador sin límites?

Mi padre siempre me ha dicho que yo me creo todo e incluso un burro volando porque tengo muchos pájaros en la cabeza.

Y un día comprendí que alguno de esos pájaros podría volar algún día gracias a la familia que elegimos, mi otro hermano, Jesús Honrubia.

Cuando llegué a segundo de bachillerato tenía que tomar la decisión de lo que quería estudiar; porque claro, tenía que estudiar una carrera según mis padres para ser un hombre de provecho y labrarme un futuro.

Mis padres no habían estudiado una carrera y como padres siempre quieren lo mejor para sus hijos.

A mí me encantaba el fútbol desde bien pequeño, y como el sueño de ser futbolista profesional cada vez estaba más lejos, tenía que estudiar y dedicarme a algo con futuro.

Entre tantas opciones y desconcierto, pensé que estudiar INEF me encantaría. Solo tenía que superar la nota de corta en bachillerato, unas pruebas físicas por entonces y que mis padres pagaran los estudios en la universidad que me admitiera.

De todas formas, me matriculé en el bachillerato con la doble vertiente para tener más posibilidades. El científico/tecnológico y ciencias de la salud por si en algún momento cambiara de opinión poder acceder a otras carreras universitarias.

Entre las otras opciones tenía en mente estudiar Arquitectura; porque mi tío Agustín fue Ingeniero de Caminos y decía que yo también lo sería.

Lo que pasó fue que mi familia siempre veraneábamos en Alicante en un piso de una tía de mi madre, y ese verano tomaron la decisión de comprar un apartamento en la costa alicantina. Estuvimos viendo muchas zonas, muchos planos, y al final compraron uno en Santa Pola.

Lo que más me llamaba la atención eran los planos. Qué bonitos eran. Como podía la gente visualizar diferentes opciones. Yo me preguntaba por qué eran tan diferentes y escuchaba a mi padre decir: "Vaya distribución más mala" y comparaba unos con otros.

Por todo eso me matriculé en Dibujo Técnico; porque valoraba la posibilidad de estudiar Arquitectura. Unos meses después mis dibujos eran desastrosos; porque de pequeño cuando había iniciado clases de dibujo alguien me había dicho que no sabía pintar ni dibujar.

Es cierto que me gustaba probar y experimentar; pero no duré muchos días, porque alguien me dijo que no sabía dibujar.

Cuando mi hijo Luis con 3 años se pone a dibujar, yo siempre le digo que si le gusta lo que ha pintado o dibujado, y me dice que sí para ver qué le digo y siempre le digo que, si a él le gusta, pues que a mí me encanta, y eso que algunas voces le dicen que no está bien.

La flauta tampoco me dejaban tocarla en casa para no molestar a los vecinos y, porque mi padre madrugaba mucho todos los días para ir a trabajar, entonces teníamos que dejarlo dormir tranquilo.

Otras voces, como la profesora de música del colegio también decían que era un desastre y que no sería músico. Lo que no sabía, es que mi vecina tenía un piano y me encantaba subir a tocarlo y aprender. Me flipaba.

Unos meses después no se explicaba cómo tocaba mejor el piano que la flauta. Me habían puesto una etiqueta, una [XAPA], pero no me apuntaron al conservatorio para aprender más, porque existían limitaciones que no eran mías.

Falsas limitaciones

¿Cuántas veces nos han juzgado y eso nos ha limitado?

Seguramente muchas cosas ni las recordamos porque en algún momento nos las han dicho y nos las hemos creído.

También me decían que no sabía escribir y tenía mala letra como los médicos, así que tampoco valdría para ser médico. Si luego le sumas que me mareaba con ver la sangre, pues apaga y vámonos.

Hoy estás leyendo mi cuarto libro.

La escritura es la pintura de la voz

Lo que me apasiona era el fútbol y no me apasionaba estudiar. En el primer trimestre de bachillerato solo aprobé matemáticas y religión.

¿Qué es lo que quieres ser de mayor hoy?

De mayor quiero ser feliz; porque ser feliz es una decisión, y eso que no me lo han enseñado en la cátedra de la Universidad de Harvard.

Nuestra mente no ha sido diseñada para que nos sintamos felices. Su objetivo es la supervivencia. La mente siempre está pendiente a lo [malo]. Estamos programados en modo supervivencia.

¿Sabes lo que me gustaría que sea mi hijo siempre?

Quiero que sea feliz y que no esté condicionado por una profesión ni habilidad.

La sociedad trata de convencernos de que para poder ser felices tenemos que conseguir una serie de cosas, si no, no seremos felices. La pareja perfecta, el coche perfecto, la casa perfecta y un montón de cosas más que nos hacen sentir que nada es suficiente, que siempre hay algo más que conseguir.

La vida pasa, solo eso. Hasta que un "buen" o "mal" día pierdes lo que más amas y tu mundo se viene abajo por haber perdido lo que amabas. Quizás no tuviste tiempo para despedirte, se fue muy joven, no le dijiste: "TE AMO".

Y el resultado es que no vives de una forma ni de otra, no vives.

Pensamos que vivimos en una vida finita como si fuera infinita donde nadie sabe quién va a ser el próximo. Y, lo peor de todo, no hacemos caso a las señales que nos han dejado miles de millones de personas que han vivido y muerto antes que nosotros.

Solo entiendo una manera posible de vivir que realmente corresponde a lo que tenemos frente a nosotros, vivir limitle$$.

Sigo aprendiendo cada día sin límites. Me da igual el miedo, el dolor, el amor, la desgracia, la alegría porque solo son pensamientos y emociones que elegimos.

Vivo cada día como si fuera el último porque algún día lo será. La vida empieza y acaba cada día.

Da amor y recibe amor. Haz lo que tengas que hacer, no esperes. Aprecia lo que tienes. El crecimiento no es cómodo, pero compensa.

Muchas personas del mundo tienen puntos de vista diferentes. El objetivo de la vida es crecer. Todos tenemos algo en común. El progreso. Estamos hechos para crecer.

Asume el 101 % de tu responsabilidad de todas tus reacciones ante todo lo que te ocurre en la VIDA. No culpes a nadie por cómo te sientes. No seas una víctima.

Encuentra en todas tus circunstancias la oportunidad de crecer con cada paso, el poder que hay en ti para poder avanzar, para amar, y recuerda que tienes el poder.

Sea lo que sea que te espera en la vida, podrás afrontarlo.

Todos hemos pasado por los quiero y no puedo. Lo que queremos realmente es comodidad. Cuando dices: "no puedo", tu cerebro se detiene. Cuando dices: "¿cómo lo hago?", tu cerebro empieza a trabajar.

La mayoría de personas deciden decir "no puedo" en lugar de preguntarse: "¿cómo lo hago"?

Una palabra puede cambiar tu futuro si cambias lo que te dices.

Repite en alto: ¡YO PUEDO!

¿Cuántas veces no has hecho algo por si sale "mal"?

Ante cualquier peligro siempre tendemos a quedarnos como estamos, por más que la recompensa sea lo que más deseas. Un deseo no cambia nada, una decisión lo cambia todo.

El miedo es la excusa de que la mayoría de las personas no cumplan sus sueños.

Cuando tienes miedo, te mientes diciendo que no todo está tan mal. Te conformas. Redimensionas tus sueños por otros más alcanzables.

El problema es que ese nuevo sueño no es el que quieres realmente.

Al final, no llevas la vida que quieres y te sientes infeliz.

Ofrece el máximo en todo lo hagas. Eres capaz de crear todo lo que necesitas. Deja atrás todas las preocupaciones.

Todo lo que tienes que hacer es dar el primer paso.

En definitiva: acabas viviendo una vida ordinaria en vez de la EXTRAORDINARIA que podrías vivir por miedo a desilusionarte.

¿Te comprometes a VIVIR LIMITLE$$?

MI HISTORIA DE ARREPENTIMIENTO

¿Por qué y para qué arrepentirse?

El pasado se queda en el pasado, y es imposible cambiar las cosas que hicimos o que dejamos de hacer. Nuestras experiencias son parte de nuestra historia personal.

Los seres humanos tenemos capacidad de imaginar el futuro, de planearlo, de crear escenarios para nuestras próximas acciones.

La vida nos pone enseñanzas para aceptarlas y responsabilizarnos o, para justificarnos y excusarnos con límites que nos ponemos nosotros mismos, porque lo fácil es buscar culpables.

Somos creadores de nuestra propia vida y de nuestros límites. Y la vida que deseamos está detrás de las decisiones que no tomamos.

En el último cuatrimestre de bachillerato aprobé todas las asignaturas excepto física, y mi "culpable" en ese momento fue el profesor porque se le cayó la dentadura postiza y yo no pude parar de reírme en clase. En esa época buscaba culpables en vez de responsabilizarme.

El verano del año 2001, estuve estudiando en Santa Pola y cuando aprobé en septiembre, me matriculé en Ingeniería Informática en Albacete.

En el siguiente verano empecé a trabajar durante las vacaciones porque solo había aprobado una asignatura.

Recuerdo que fueron unos años en los que perdí la motivación y cada vez pensaba que estaba limitado.

Me encontraba estudiando algo porque me habían dicho que tenía futuro, en vez de tomar la decisión de hacer lo que me apasionaba que era: Administración y Dirección de Empresas.

La cuestión fue que mis padres me dijeron que quién era yo para estudiar eso porque no tendría futuro.

Fueron unos años duros en los que pensaba que no era tan inteligente, porque todos mis amigos estaban aprobando y acabando sus estudios y yo seguía perdido paseando libros y haciendo pagar matrículas a mis padres en algo que no tenía ilusión.

En varias ocasiones pensé en cambiarme a otra titulación, pero no lo hice y hasta mi hermano ya tenía varios títulos universitarios siendo tres años menor que yo. Me sentía mal por todo el esfuerzo que habían hecho mis padres por mí, porque era la oveja negra.

En 2005 me propuse ir a clase por las mañanas y a trabajar por las tardes. En realidad, seguí sin estudiar y sin motivación por todo lo que estaba haciendo.

¿Cuántas personas están en una vida, en una pareja, en clase, en algo que no les gusta o conocemos a alguien que está en esa situación?

En 2007 hice un proceso de selección y empecé a trabajar en un proyecto de Telefónica. Mientras tanto seguía matriculándome y engañándome a mí mismo año tras año.

La mayoría de mis amigos estaban trabajando, tenían su título y algunos incluso habían estado unos meses fuera estudiando con las becas Erasmus universitario.

En el 2009, tuve la oportunidad de irme a Venecia unos meses a un Erasmus Entrepreneur para conocer en primera persona, cómo funcionaba una empresa sin que nadie me acompañara al aeropuerto o me visitará en los meses que estuve allí.

En 2013 como cuento en mi primer libro EMPIEZA, me diagnosticaron Esclerosis Múltiple y seguí sin acabar mis estudios porque la vida no te da lo que quieres, te da lo que necesitas.

Me han tocado vivir muchas situaciones difíciles hasta llegar a tal punto de no saber por dónde ir, hasta que conocí a Jesús Honrubia, al que considero mi hermano y el cuál estaba atravesando un proceso de crecimiento personal con Sergio Fernández y le recomendaba leer un libro a la semana.

No había leído un libro nunca porque en el sistema educastrativo lo veía como una obligación. Fue el libro Mente Millonaria de T. Harv. Eker el que me hiciera un clic para cuestionarme las limitaciones que me estaba imponiendo yo mismo.

Para seguir aprendiendo, lo primero es desaprender.

El futuro no tiene límites. El éxito no es casualidad, el fracaso tampoco. No importa dónde estés hoy o cuál sea tu situación ahora, porque lo que importa es a dónde quieras ir sin límites.

Tu forma de ser, pensar y actuar es lo que te ha llevado a donde estás hoy y donde te va a llevar mañana. Lo que pasa, es que a nivel cerebral es lo mismo pensar que hacer y nos quedamos pensando en todo aquello que no es posible. Y confundimos probabilidades con posibilidades.

Todo es posible

En febrero de 2017, me hice cuatro preguntas. Tomé conciencia y decidí hacer lo necesario para vivir limitle$$.

Comprendí que nadie me amaría nunca más que lo que yo me ame a mí mismo.

Las cuatro preguntas que me hice son:

1.- ¿Cuánto me quiero a mí mismo? (del 1 al 10)

2.- ¿A qué partes de mí no me gustan al 100 %?

3.- ¿Hay algún hecho o vivencia del pasado que haya generado o esté afectando los aspectos que menos me gustan de mí?

4.- ¿Puedo o quiero hacer algo para mejorar las partes de mí que menos me gustan?

Cada persona hace en cada instante lo mejor que es capaz de hacer. No hay partes de mí que no me gustan. No existe ningún hecho pasado que me afecte, es solo la mente la que quiere conectar para hacerme sentir mal y sufrir, y ahora tomo la decisión de eliminar las conexiones neuronales que quiera.

Y meses después había puesto fin a lo que pensaba que era mi historia de arrepentimiento de no acabar mis estudios, porque tomé la decisión de hacer lo que fuera necesario para cerrar esa etapa y lo conseguí a pesar de las numerosas dificultades que surgieron en el camino.

Somos un tarro de emociones

No olvidaremos los hechos, pero los puedes vivir de una forma totalmente diferente. Eres tú viviendo esas circunstancias.

La parte emocional que existe en el cerebro límbico se construye de una manera que nos protege ante el dolor. Quedan en un segundo plano y esos pensamientos no nos dejan saber quiénes somos, ya que están como una mochila de emociones negativas que cargamos, pero que no son visibles.

Y en agosto de 2021 conecté con mi historia de arrepentimiento, en un evento de Alejandro Novas, llamado *Life Hacking* en Benidorm.

¿Cuál crees que podría ser mi historia de arrepentimiento?

Unas cuantas, con lo que te he contado hasta el momento, ¿verdad?

En esos días del evento yo pensaba que no tenía nada de lo que arrepentirme, y me iba a la cama sin tener ninguna historia a pesar de que he vivido muchas situaciones en relaciones y otras circunstancias muy duras de las cuales estoy agradecido.

Estamos tan enfermos como nuestros secretos.

Desde que publiqué mi primer libro EMPIEZA, siempre digo que estamos tan enfermos como nuestros secretos.

No paraba de darle vueltas a la cabeza y preguntarme de qué pensamientos o situaciones podría arrepentirme, hasta que un compañero me compartió su historia de arrepentimiento a todo el mundo y me hizo recordar una situación vivida con menos de 10 años en las que fui abusado sexualmente.

Cuando sucedió y se lo conté solo a mi madre, ella me pidió que no se lo contará a nadie porque eso no era verdad, según ella. Al igual que cuando me diagnosticaron Esclerosis Múltiple. No se lo digas a nadie. ¿Qué van a pensar? Todos tenemos secretos y necesitamos contarlos.

Así que me levanté y tambíén lo compartí con todas las personas; porque llevaba casi 30 años con un dolor sin contárselo a nadie y yo repetía cada día que estamos tan enfermos como nuestros secretos.

Fue una liberación absoluta que había ocultado para no darle importancia durante tantos años. Merecemos ser felices y no víctimas eternas de alguien que eligió hacernos daño.

Como decía Víctor Frankl: "Si no está en tus manos cambiar una situación que te produjo dolor, siempre podrás escoger la actitud con la que afrontes ese sufrimiento".

Una emoción no causa dolor. Es la resistencia o supresión de una emoción lo que causa dolor. ¿Te ha pasado alguna vez que estabas llorando y te han dicho: "no llores"?

Las emociones están para ser expresadas y nos han educastrado para ocultarlas cuando tenemos que escucharlas, sentirlas y aceptarlas.

La vida está llena de oportunidades, solo que estaba ciego como cuando tuve que perder la visión para aprender a valorar la vida en el 2013.

Da igual lo que tu mente crea, lo que eres, siempre sigue siendo lo que eres. La felicidad es cuando lo que piensas, lo que dices y lo que haces están en sintonía.

NIVEL DE PENSAMIENTOS VIVIR LIMITLE$$

¿Qué te preocupa?

El miedo de no ser lo suficientemente bueno, el miedo al qué dirán o pensarán de mí, y no ser aceptado por quién eres.

En la mayoría de las ocasiones nos preocupamos por lo que nos falta y nos olvidamos de lo que tenemos.

Cuando te duele la garganta, qué ocurre en tus pensamientos. ¿Piensas en otras cosas que no sea el dolor de garganta?

Cuando no tienes dinero para llegar a fin de mes. ¿Piensas en algo más que no sea conseguir dinero para llegar a final de mes?

Si te falta salud o dinero te conviertes en una persona preocupada en SOBREvivir. Querer ganar dinero a corto plazo es el camino más rápido para perder dinero a corto plazo.

La salud y el dinero son dos energías fundamentales; pero debemos desaprender muchas de las cosas que hemos aprendido.

A las oportunidades no les importa si es o no el momento.

Si no puedes ver las oportunidades que te rodean todos los días, es porque no has sintonizado con ellas y tendrás que hacer pequeños cambios en tu forma de pensar.

Un día dije: "BASTA YA".

Cuando me cansé de mis excusas, de no creer en mí, de no saber lo que quería, de sentir no ser suficiente y de avergonzarme de mí mismo.

La falta de foco y la ausencia de liderazgo me llevaron a convertirme en una víctima, hasta que tome la decisión de ser feliz pasará lo que pasará y hacerme responsable de mi vida.

Te animo a que seas consciente y responsable de cómo quieres estar. Si algo no te gusta, cámbialo.

Haz que suceda para que vuelvas a ilusionarte por aquello que sueñas. Vuelve a ser tú, con tu magia, con tu poder interior y no pierdas más tiempo con actitudes mediocres.

Es el momento de que le demuestres a la vida que estás aquí, y que estás dispuesto a recuperar lo que te corresponde porque te lo mereces todo.

¿Quién quieres SER?

Si no te tienes a ti mismo, no tienes nada.

Lo único irremplazable y que jamás regresa, es el tiempo.

El verdadero éxito es amar el camino, amar personas y ser amado; porque amar lo que haces y entregarlo a otros, es vida. Fracaso es nunca arriesgarse porque fracaso es morir de miedo.

Recuerda que el AMOR es un superpoder que sale de uno mismo y no requiere nada del otro.

Gracias de corazón por elegir este libro. No sé exactamente qué te ha traído a él, pero sé con certeza a dónde puede llevarte para vivir limitle$$.

Este libro es el inicio de uno de los viajes más largos; pero que más recompensas pueden traerte: un viaje por tu interior.

No soy el dueño de ninguna verdad. Soy una persona que un día dijo: "Basta ya" y empezó a buscar respuestas en vez de justificar y quejarse por todo lo que le pasaba.

Estoy convencido que si lees el libro como está diseñado no vas a ser la misma persona de antes. Además, puedes leerlo tantas veces como quieras, puesto que tus respuestas y pensamientos cambiarán a medida que vayas creciendo en la vida.

Una de mis creencias principales es que todo pasa por una razón. ¿Sabías que solo el 3 % de las personas que compran un libro acaban leyéndolo? Enhorabuena por llegar hasta aquí y ahora sigue leyendo hasta el final, porque si lo lees con la convicción de que puede ayudarte te ayudará y mucho.

Lo que crees, creas.

LA REALIDAD DEL DINERO

¿Qué piensas del dinero?

Si piensas que el dinero no es bueno, a nivel subconsciente te impedirá conseguir más dinero.

Recuerda que: *si quieres resultados diferentes debes actuar de forma diferente, pero tus acciones dependen de tu estado emocional.*

El lenguaje del dinero

El dinero no compra la felicidad, pero ¿la pobreza sí lo hace?

Las personas que dicen que "el dinero no compra la felicidad" concluyen que nunca tendrán dinero. Si el dinero no compra la felicidad, ¿por qué ahorrarlo?

Muchas personas dicen eso de que no les interesa el dinero, y curiosamente dedican la mayor parte de su tiempo en vida solo para ganar y gastarlo.

El hecho de no tener dinero, te impide progresar.

¿Cuál es el precio de tu vida?

Nos han educastrado para ser normales y conseguir un empleo. Estoy hablando en general, sin pensar en ninguno en particular.

Puedes tener un maravilloso trabajo, por supuesto, pero en el ámbito de la riqueza para vivir limitle$$.

Los empleos intercambian tiempo por dinero y eso es intercambiar vida. Se vende tu libertad para obtener libertad en unos trozos de papel.

Los empleos devoran vorazmente el tiempo.

Si trabajas, te pagan. Si no trabajas, no te pagan.

¿Estás vendiendo tu vida por dinero?

He leído diferentes noticias sobre las personas que ganan millones en el juego de la lotería. Poco después, esas personas pierden casi todo lo que han ganado. En realidad, no "pierden" el dinero, lo gastan como si fueran millonarios.

¿En qué piensas cuando escuchas la palabra *millonario*?

Si el motivo para hacerse millonario y tener mucho dinero deriva de emociones como el miedo, el dinero seguramente no traerá la felicidad. El dinero, en cambio, puede ayudar a vivir momentos mágicos.

Imagina que puedes comprar a tus padres la casa que nunca antes se han podido permitir o que puedes ayudar a personas con dificultades. En este caso, el dinero sí hace la felicidad, no solamente para las personas que decides ayudar, sino también para ti.

¿Qué preguntas te haces en relación al dinero?

Si lo que te preguntas es: "¿cómo hago para llegar a final de mes?" y te genera ansiedad, es porque pones la atención en cómo llegar a final de mes sin planificar un cambio a medio o largo plazo.

Seguramente has escuchado la frase "Págate primero a ti mismo", una frase del libro *El hombre más rico de Babilonia, de George Clason,* y que yo escuché por primera vez en una formación de *Robert Kiyosaki.*

No puedes pagarte primero, debes ser tu propio líder

No puedes pagarte primero sin liderar tu propia vida.

Nos han dicho "ve al colegio y a la universidad, estudia y consigue un buen trabajo" para entregar nuestra vida a cambio de dinero o, mejor dicho, a cambio de la vida.

"¡No sé cómo hacerlo!"

Haz de tu mundo y tu realidad tu universidad. La universidad de la vida. Tú eres tu propia universidad.

Pregúntale a cualquier empresario de éxito y te dirá que uno aprende más de sus acciones que de cualquier profesor.

El principal enemigo es el "no sé cómo hacerlo", porque es más fácil decirlo que buscar la manera de hacerlo. Hoy en día, no hay ninguna excusa para no descubrir la forma de hacer algo.

El momento es ahora. Hoy es el primer día hacia el resto de tu vida. Sí, hoy es el mañana del que te preocupaste ayer. Tenemos recuerdos del pasado que no deberíamos guardar y no olvidamos lo que deberíamos olvidar.

Si estás mirando por el espejo retrovisor, estás en la cárcel del pasado. Si estás en el pasado, no estás mirando hacia delante. Si no estás mirando hacia delante, no puedes alcanzar tus sueños.

Al universo no le importa tu pasado. No lo ve. No le importa lo que has estudiado. Si no estás donde quieres estar, el problema son tus decisiones.

Tus circunstancias son los resultados de esas decisiones.

¿Qué precio tiene vivir la vida que sueñas?

Averígualo en dos preguntas:

1.- ¿Qué quieres?

2.- ¿Cuánto cuestan tus sueños?

La gente no quiere tanto dinero como tiempo, porque en el fondo no solo es dinero, sino cómo gestionar tu tiempo.

El dinero es un medio. El dinero es una herramienta de intercambio. El dinero es neutro. No tiene más poder que un coche, solo te permite acelerar lo que deseas. Es un amplificador, no te enfades con el dinero porque es una herramienta muy útil. Es energía.

Y el dinero es ilimitado, lo vuelvo a escribir: **"el dinero es ilimitado"**. Hoy hay más dinero que ayer y mañana habrá más dinero que hoy.

¿Qué pasa cuando hablas mal de algo, lo atraes?

Hay dinero en el mundo limitle$$.

No me creas y puedes ver un documental, el número 2 de ZEITGEIST donde se explica que el mundo tiene capacidad de generar dinero ilimitado.

Si le dices a una persona varias veces "no eres importante para mí", qué hará esa persona, se marchará. Si le dices al dinero que no es importante para ti, se marchará.

AMA el dinero, AMA la salud, AMA las relaciones, AMA LA VIDA.

Creencias del dinero

¿El dinero estropea gente?

Un billete de 50 € no puede estropear a nadie. El dinero amplifica. El dinero se crea en la mente y se queda con las personas que se llevan bien.

En mi caso, mis padres me decían: "Lávate las manos que has tocado el dinero". Y lo que pasaba, es que cada vez ganaba más dinero y cada vez tenía menos dinero en mi bolsillo.

En mi primer negocio pasé de 0 a 200 k en un año, pero no tenía nada en mi bolsillo, cambiaba de manos el dinero. Claro, me lavaba las manos al tocar el dinero porque era un virus. Hasta que descubrí que no amaba el dinero. Por eso te digo: AMA EL DINERO.

Mis padres me decían que no sabes administrar el dinero, y yo digo que cuando me arruiné no tenía nada que administrar, esa no era la cuestión.

Tenía que entender qué significaba el dinero para mí y cómo mi mente se conectaba con el dinero.

¿Te gusta que te critiquen?

¿Has sido alguna vez criticado por algo?

¿Recuerdas alguna crítica en la infancia de tus padres, hermanos, hermanas, amigos o un mentor que te doliera?

Todavía lo recuerdas, verdad...

Entonces en qué quedamos: ¿te gustan las críticas?

Las críticas afectan a la imagen que tenemos de nosotros mismos y nuestra autoestima, reprime nuestras iniciativas. La crítica es el veneno de la motivación y el compromiso. Anula nuestra creatividad y confianza. Una de las frases más odiadas es: "Te lo dije".

Sabes qué me dijeron mis padres cuando me arruiné en mi primer negocio: "TE LO DIJE...".

Y lo más sencillo hubiera sido darles la razón y no seguir asumiendo riesgos... Hice lo primero, les di la razón, pero seguí confiando en mí y en ser feliz. Puedes tener la razón o ser feliz.

La crítica genera emociones destructivas... que afectan a nuestra integridad: mental, emocional, física y social. La crítica puede traer dolor, resentimiento, depresión, odio, desesperación, y evitar la crítica se convierte en algo necesario para la supervivencia emocional.

No se trata de luchar en contra de la crítica ni en contra de los críticos. No es defenderse de la crítica, no es terminar con la crítica, no es evitarla, sino convertirla en tu aliado más valioso.

La crítica tiene el poder de reenfocarnos y pensar algo desde otra perspectiva distinta. NO ignores la crítica, abrázala para vivir limitle$$.

Me gusta que las personas me señalen mis errores, es lo más amable que pueden hacer.

La crítica es como una jarra de agua fría en la cara, solo tienes que secarte con una toalla porque es inofensiva.

Si te tiran arena, te puede entrar en los ojos, es un poco más doloroso, y tendrás que quitar la arena para que no se irriten los ojos y, sobre todo, para que puedas ver con más claridad.

El agua es la parte emocional de la crítica.

¡Siempre haces esto!

¡Nunca haces esto!

La arena te lastima, las palabras, el tono, los gestos o la forma en quien te critica, una mirada, un disgusto, sea lo que sea también puedes gestionarlo.

La mejor forma que yo he encontrado es escribiéndola, poniendo la crítica por escrito y después leyéndola porque la crítica nos puede convertir en personas más inteligentes y ayudarnos a ser mejores.

Elige, puedes decidir si ceder a tu instinto natural y reaccionar a la crítica o, puedes responder a la crítica.

¿Cuál es la diferencia entre reaccionar y responder?

Tu mente tratará de protegerte.

SUEÑOS LIMITLE$$

¿Tienes algún sueño?

Escríbelo ahora.

Si no es inmenso, retador y demasiado visionario para que necesite ser escrito, no es tu sueño. Piensa en grande.

Te pido que dejes salir tu voz, no pienses demasiado y deja que salgan las palabras que creas con sinceridad, no lo que pienses que es conveniente responder, es tu verdad, tus creencias...

Una creencia es un pensamiento que confías que sea verdadero. A veces tienes que creerlo antes de verlo.

¿Qué harías si creyeras que es posible?

No creas todo lo que piensas. No hay límites a lo que puedes creer. No eres tus creencias. Eres la persona que elige tus creencias.

Puedes elegir nuevas creencias y cambiar tus pensamientos. Algunas creencias pueden frenarte y otras pueden impulsarte.

> *"La imaginación es más importante que el conocimiento. El conocimiento es limitado, pero la imaginación rodea al mundo".*
>
> ALBERT EINSTEIN

Puedes hacer, experimentar y disfrutar vivir limitle$$.

Imagínate que os ofrezco la oportunidad de la casa de mi amigo en Canarias. Tiene una playa propia y solo la casa tiene 5.000 metros cuadrados, es un paraíso para vivir limitle$$.

Imagínate que te ofrezco un año con todos los gastos pagados para dos personas en la casa de mi amigo en Canarias. Todo incluido, incluyendo dos billetes de avión en primera clase con destino a Canarias, el uso del Ferrari valorado en 200.000 € y 10.000 € al día para gastos. Ahora esto no es todo, cuando lleguéis, tendréis en un sobre un millón de euros en efectivo en la mesa del salón con vuestro nombre solo para vosotros.

Solo hay una cosa, os voy a dar todo esto si podéis encontrar la casa de mi amigo por vosotros mismos. Si no lo hacéis me debéis reembolsar 3.000 € por los billetes de avión y te buscas la vida en Canarias sin casa, sin Ferrari, sin dinero para gastos, sin un millón de euros.

Si me preguntáis la dirección, os diré que en Canarias. Si me preguntáis en qué isla, os diré que en una de las ocho islas.

¿Cuáles son vuestras probabilidades de llegar en un solo día y encontrar la dirección? ¡Cero!

Al saber que debéis pagar vuestro viaje si no encontráis la casa de mi amigo el mismo día de vuestra llegada, ¿intentarías aún encontrarla?

¿Qué necesitáis saber?

En primer lugar, la isla en dónde se encuentra.

En segundo lugar, la dirección exacta y un mapa detallado con instrucciones precisas para llegar desde el aeropuerto.

Si os digo solo una vez las instrucciones precisas que os lleven del aeropuerto hasta la puerta de la casa y el código de diez dígitos para abrir la puerta, ¿intentarías memorizar todo o lo anotarías?

Si lo tienes escrito, ¿cuáles son las probabilidades?

La mayoría de personas cuando se trata de tus sueños, ni siquiera saben en qué isla están. No tienen una dirección, no tienen un mapa y el tiempo que tienen es más limitado del que creen. ¿Y qué pasa contigo?

Tienes una imagen de tu destino, y un mapa detallado y preciso para llegar, porque si no lo tienes jamás lo harás.

¿Qué es más importante que conseguir la dirección de tus sueños personales y profesionales?

Es probable que el 98 % de las personas jamás escribirán su hoja de ruta específica ni una planificación para alcanzar sus sueños en cada una de las áreas más importantes de sus vidas.

He leído las biografías de la gente de mayor éxito en el mundo, y me he dado cuenta que la misma lección se repite una y otra vez.

¿Sabes quién era Ray Kroc?

Ray Kroc, era un vendedor de máquinas para hacer café de 52 años. Las máquinas que vendía podían mezclar cinco cafés a la vez. Las cafeterías corrientes hacían el pedido de una máquina por lo general, y los grandes restaurantes podían comprarle dos máquinas y esto no era siempre.

Un día Kroc recibió un pedido de ocho máquinas de un restaurante y no pudo ver la hora de ir a San Bernardino, California para ver qué clase de restaurante necesitaba preparar cuarenta cafés a la vez.

Cuando llegó a un pequeño restaurante octogonal se sorprendió por lo pequeño que era, y más aún al ver la fila de gente que salía y daba la vuelta al restaurante. Esa noche durmió en su habitación del hotel y pensó mucho todo lo que había visto. En su mente pasaron imágenes del restaurante de McDonald's por todo el país.

Tuvo una visión clara y precisa y creó un plan detallado

En un solo día tuvo una visión clara y precisa de lo que ese restaurante podría llegar a ser y no dejó de pensar en ello. Por el contrario, los hermanos McDonald's (fundadores del restaurante) habían vivido de primera mano el éxito de su negocio, pero no tuvieron una visión clara de lo que podría llegar a ser y no creyeron la visión de Ray. Así que le vendieron sus fórmulas, menú, nombre y derechos de la franquicia internacional por solo 2 millones de dólares.

Ray Kroc creó la cadena de restaurantes más exitosa del mundo, con más de 25000 restaurantes McDonald's en todo el mundo.

¿Cuáles son tus sueños?

¿Cuáles son tus sueños más importantes?

Escríbelos ahora.

¿Cuál es el precio de tus sueños?

Groucho Marx decía: "¡Hay tantas cosas en la vida más importantes que el dinero! ¡Pero cuestan tanto!".

La calidad de nuestra vida no es más que la calidad de nuestras emociones, porque apenas sentimos un significado, este dispara una emoción. La fuerza humana es la emoción y el significado. El significado es la fuerza que da forma a la vida y la emoción le da color.

Un estudio dice que, si los 10 billonarios regalaran todo el dinero a los pobres, el dinero regresaría 5 años después a su bolsillo.

La verdadera pobreza es mental, no física.

No hay límites ni reglas. La realidad no es algo que exista, sino algo que se crea en cada instante con el poder de la mente. Los límites son tan solo limitaciones mentales consecuencia de las creencias adquiridas y la experiencia de la vida de cada uno.

A raíz de experiencias y reflexiones personales, todo es cuántico. Todo depende de ti, del observador. Lo que hacen los demás son tan solo el reflejo tuyo (Ley Espejo), si todo depende de ti, eres un creador.

En lo que te enfocas, se expande. Por eso, cuando empiezas un proyecto estas super enfocado y te aparece información por todas partes, te llueven las ideas hasta que escuchas el diálogo interior. Nosotros mismos hablando acerca de nosotros mismos como un disco rayado.

Nos apegamos a nuestra identidad, y nos impide ser lo que realmente somos, lo cual no es lo que creemos que somos.

El libro, Conversaciones con Dios de Donald Walsh, dice que actúes como si ya tuvieras lo que quieres tener o ya hubieras alcanzado lo que quieres alcanzar.

Nuestra mente es nuestro mejor amigo y peor enemigo.

Si haces lo mismo que ayer tendrás los resultados de ayer en el mejor de los casos.

Como haces una cosa, lo haces todo

¿Cómo sería la vida si fuera fácil?

A veces fracasamos, a veces nos sentimos perdidos. A veces no sabemos qué rumbo tomar. Y nos preguntamos:

¿Qué vamos a hacer ahora?

Cuestionarme preguntas ha sido clave en mi VIDA.

¿Por qué los fracasos te hacen pensar más y mejor que las victorias?

¿Por qué muchas veces lo mejor es lo más arriesgado?

"El verdadero viaje no consiste en ver cien países distintos con el mismo par de ojos, sino el mismo país con cien pares de ojos".

MARCEL PROUST

Sabes lo que tienes que hacer, pero no haces lo que sabes. La vida en sí es un aprendizaje y todo lo que nos pasa ocurre porque necesitamos aprenderlo o cambiarlo. La única manera de aprender es haciendo.

La actitud es más importante que la aptitud, y si tú hoy no haces nada, mañana no habrá nada.

¿Te preguntas a ti mismo cada semana lo que has aprendido?, ¿en qué has fallado o qué te hizo falta?, ¿cuál fue tu fracaso de la semana?, ¿qué fue lo mejor?, para luego ver lo que tienes que hacer para cambiar la siguiente semana.

Mira tu foto del DNI ahora. ¿Eres la misma persona ahora o has cambiado? ¿Cuántas experiencias has vivido?

Lo más importante que tienes en la VIDA, un día desaparecerá. Hoy es un día más y un día menos para salir ahí fuera a dar lo mejor; porque **muchas cosas habrán cambiado.**

HOGAR EMOCIONAL LIMITLE$$

Siempre es más fácil verlo en otras personas que verse a uno mismo. Lo importante es que tenemos la capacidad de cambiar en un solo segundo.

Es difícil cambiarse a uno mismo porque para eso, tenemos que cambiar patrones.

¿Dónde estás?

¿Dónde quieres estar?

Utiliza MENTE-CUERPO.

Nos han enseñado cosas y después nos hemos ido a casa y no hemos hecho nada. Te confieso una cosa. Yo también lo hacía. Me comprometía y aprendía, pero aplicaba muy poco de lo que me enseñaban.

En la vida ganas o aprendes. Siempre aprendes.

La mayoría de las veces estamos pensando que todo es infinito y la realidad es que todo es instantáneo. La tecnología lo ha hecho inmediato, pero si queremos algo duradero necesitamos otras cosas distintas.

Recuerda por un instante:

¿Cómo aprendiste en el colegio?

La gente busca EXCUSAS. La cultura del victimismo.

Hazlo cuando no te apetezca. El conocimiento es poder potencial. Lo que importa no es lo que sabes, sino lo que haces con lo que sabes.

Lo que importa es lo que haces

¿Recuerdas lo que estabas haciendo el 11 de septiembre del 2001? Si, el 11 sept., ¿dónde estabas?

La información sin emociones pocas veces se recuerda.

¿Cómo vivirías si fuera la última semana de tu vida?

Las personas que toman antidepresivos siguen deprimidas. Cuestión de enfoque. Creencias inconscientes.

¿En qué te enfocas más: en lo que tienes o en lo que no tienes?

En lo que te enfocas determina cómo te sientes y las cosas no existen si no te enfocas en ellas. El significado lo cambia todo.

¿Dónde pasas más tiempo pensando?

¿Pasado? ¿Presente? ¿Futuro?

Nosotros mismos somos los creadores de nuestra calidad de vida. No tiene que ver con el dinero que tengas en el banco. ¿Te sientes culpable?

Tenemos que impulsarnos con el corazón porque con la muerte estamos muertos.

La forma en la que utilizas el cuerpo es la clave de tu vida. Aprender a gestionar las emociones en el cuerpo y desarrollar un patrón constante para que tu cuerpo lo busque.

La mayoría de las personas no celebran nada porque nos han enseñado a encajar. Nos enseñan a no sentirnos bien. Cuando España ganó el mundial de fútbol, la gente lo celebró tres días.

No necesitas una EXCUSA para sentirte BIEN. La mayoría no la necesitan para sentirse mal. No te conformes con menos de lo que puedas hacer.

No necesitas una razón para celebrar la vida.

Sé un LÍDER.

Cuando somos niños celebramos y bailamos mucho más. Al máximo. Por eso ahora de adultos necesitamos acciones diferentes para conseguir otros resultados.

Hay que estar en el estado adecuado porque la fuerza de voluntad no es suficiente. Si trabajas en el estado idóneo, los resultados cambiarán.

Para cambiar el estado tomamos decisiones en solo tres segundos que pueden cambiar tu vida. A nivel consciente decimos una cosa, y a nivel inconsciente ocurre otra. Puedes enfadarte y cabrearte a menudo. ¿Y para ser apasionado? ¡ENTRENA!

Anímate a hacer cosas difíciles, porque no se trata de AUTOESTIMA, sino de cambiar de estado. En lo que te enfocas es lo que sientes.

Un cobarde muere 1000 veces. El cambio ocurre en un instante.

¿De qué te sientes orgulloso?

¿Y agradecido?

¿Recuerdas algún momento en el que no podías parar de reír?

Ríete ahora, ríete vamos, ríete.

La risa es una bomba. Si te concentras en la risa cambias tu estado en un instante.

¿Lo has hecho? ¡Hazlo!

¿Cómo te sientes?

¿Qué frecuencia quieres sintonizar en la radio de la MENTE? (FM / AM)?

La frecuencia del miedo [FM]

Estamos en la frecuencia [FM], cuando sentimos sufrimiento, estrés, frustración, rabia, ira, resentimientos o temores. Todos hemos tenido estos sentimientos y otros muchos más. Incluso, aunque no quieras reconocerlo. Llámalo como quieras.

¿Qué determina estar en esta frecuencia?

Nuestro estado mental y emocional depende de dónde concentremos nuestra atención.

Todos sufrimos y el sufrimiento no es más que el resultado de una mente descontrolada que solo busca problemas.

Piensa por un momento en una situación que te haya causado sufrimiento o dolor. Piensa en una circunstancia que te haya preocupado, frustrado o enfadado.

Cada vez que creemos haber perdido algo, sufrimos. Si crees que nunca obtendrás aquello que valoras como el amor, estarás condenado a sufrir.

Si crees que nunca vas a ser capaz de superar una enfermedad, lo único que conseguirás es sentir dolor.

¡Nunca digas nunca jamás!

Da igual si lo que piensas existe o no. O dominas tu mente o esta te dominará a ti.

El secreto para vivir limitle$$, consiste en controlar tu mente, ya que es la que determinará en qué frecuencia estar.

La frecuencia del AMOR [AM]

Estamos en la frecuencia [AM], cuando sentimos amor, alegría y agradecimiento. Sabemos que es lo que tenemos que hacer, y lo hacemos bien. No existe ningún problema, todo fluye.

Cada día al despertarte, siempre pienso en el mayor regalo de la vida. Estoy vivo. Agradezco y valoro vivir.

Recuerda que tu energía se concentra allí donde dirijas tu atención. Si pones tu atención en algo que realmente te importa, se desarrolla un deseo tan fuerte que te lleva a conseguirlo.

La vida es una maratón, no un sprint.

No son nuestras circunstancias las que condicionan nuestra vida, sino nuestras decisiones. Si miras los últimos diez años de tu vida, seguro que puedes recordar al menos una decisión que cambió tu vida.

¿Cuál es la mayor decisión que puedes tomar en tu vida?

La única decisión que importa en mi vida es SER FELIZ.

¿Te comprometes a SER FELIZ pase lo que pase?

Busca la manera de disfrutar de la vida pase lo que pase, no solo cuando todo vaya bien, sino cuando sufras, cuando pierdas algo o a alguien a quien ames.

Esta decisión puede cambiar toda tu vida a partir de ahora. Tú decides si quieres ser el único responsable al 101 % de tu estado de ánimo, de elegir la frecuencia que quieras sintonizar y de cómo vivir tu vida.

Si tomas la decisión de dominar tus emociones y pensamientos, estarás preparado para afrontar cualquier desafío en la vida.

La vida es demasiado corta para sufrir, por eso vive cada día al máximo y disfruta de todos los momentos sean [buenos] o [malos].

Vivir en la frecuencia del AMOR [AM], sin importar lo que pase, es un regalo.

Es la verdadera riqueza y solo depende de ti.

Nadie puede herirnos, nadie puede beneficiarnos. La culpabilidad enferma a la mente. Nos creemos que los demás tienen la culpa de lo que nos pasa o creemos que somos culpables de lo que les sucede a los demás.

Solo eres responsable de ti mismo y los demás son responsables de ellos mismos.

Cuando tenemos un pensamiento [negativo] que resuena en la mente de otra persona, es porque esa persona a su vez tiene un pensamiento [negativo] que se ha sintonizado con nosotros, pero no es posible causarle daño a otra persona, salvo el que ella misma se cause.

No es posible que alguien me cause daño, salvo el que yo mismo me cause. Para los sentidos físicos, el hecho físico es real.

Si alguien te dice una palabra ofensiva, la palabra no ofende, sino el poder que le des a esa palabra.

Todo lo que le desees a los demás te lo haces a ti mismo, no a los demás, porque no tenemos el poder de modificar a los demás. Las personas lo tienen a sí mismas.

Cada quien tiene libertad de aceptar una información, de usarla o no usarla. Cada cual decide qué hace con su pensamiento, con lo que sintoniza.

Creamos nuestras propias experiencias, no son las demás personas. Si te llenas de culpas o de rencores te perjudicas a ti mismo.

El perdón beneficia a la persona que perdona. Las personas se niegan a perdonar porque suponen que le benefician a la otra persona, pero el beneficio es para el que odia al enfermar con esos sentimientos [negativos].

El amor y el perdón "borran"

La transmisión de la información que sintonizamos tiene muchos canales. No es la información que llega a nuestra mente la que pueda causar un problema.

La decisión de que pueda afectarte la información es solo tuya. El poder de hacerte daño es el que le das a la información.

Toda información que sintonizas puede ser traducida a pensamientos, pero es traducida de acuerdo al significado que le das desde el sistema de creencias que tengas.

Aprendimos que las ondas de transmisión llenan todos los espacios dimensionales; pero que solo podrán ser percibidas de acuerdo con la frecuencia vibratoria que yo mantengo en mi mente. Si piensas en cosas [positivas], que te produzcan satisfacción, recibirás información de la frecuencia del AMOR [AM].

Si piensas en cosas [negativas], tu mente se sintonizará con todo lo negativo que existe en el universo. Eso no tiene nada que ver con los demás, sino contigo.

La mente es receptora y vibrará con las frecuencias que estén a tu alrededor. Tus estados mentales seleccionan pensamientos y vibraciones similares a las tuyas.

La información que recibimos es de las frecuencias más cercanas a nosotros. La información de vibración más alta nos permite aprender. La de vibración más baja es para aprender a servir a esa persona o situación.

Si tienes pensamientos sintonizados con la frecuencia [FM], cambia de emisora.

Cuando tomamos el compromiso de amarnos, lo que en verdad estamos asumiendo es la responsabilidad de crear en nuestro interior los resultados de bienestar que antes solíamos delegar en factores externos.

Al vivir desconectados de nuestro corazón, sentimos que nos falta algo esencial para ser felices. La sociedad nos condiciona para creer que el amor hacia nosotros mismos es un acto de egoísmo, en el que solemos esperar que los demás nos amen para dejar de sentirnos incompletos e insatisfechos.

¿Qué has hecho hoy para amarte?

Lo que está en tu mente es lo que está generando tu realidad a nivel emocional y físico. Siempre repetimos los mismos patrones.

La ley de causa y efecto es lo que nos ata a nuestra realidad. Nuestros patrones cuánticos. La explicación en física cuántica nos dice que la estructura del átomo tiene infinitas posibilidades de convertirse en algo, pero es el observador el que decide por una de las infinitas posibilidades.

¿Estás conforme con tu cuerpo, con tus relaciones, con tus finanzas, con tu salud, con tus proyectos?

¿Qué significa para ti VIVIR LIMITLE$$?

Para mí significa desafiarme a mí mismo cada día porque el riesgo es no correr riesgos y vivir una vida normal. Elijo no posponer mi vida.

¿Cuántas veces has dicho que harás ese viaje cuando tengas más tiempo?

La vida no espera a nadie.

No sabemos cuál es nuestra hora, nuestro tiempo.

¿Dónde estás ahora?

¿Dónde quieres estar?

Elige del 1 al 10. ¿En qué número estás ahora?

¿Hay una brecha entre dónde estás y en dónde quieres estar?

Puede ser porque no has encontrado el amor de tu vida.

Puede ser porque no sientes que estás en una condición física que te gustaría.

Puede ser porque no amas el trabajo que haces.

Sea por las razones que sean, es importante que tomes conciencia de ello.

Para mí, la salud es la mayor riqueza. Si no tienes buena salud no tienes nada. El día que mueras no importará cuánto dinero tengas ni en qué tipo de casa vivas; porque la grandeza de la vida se reduce a los placeres más sencillos, y si no tienes salud no tienes nada.

Al final de tu vida, las cosas que ahora percibes como grandes que podrían ser las pequeñas cosas y los regalos que ahora percibes como las pequeñas cosas como respirar, reírte, vivir. No llegues al final de tu vida para darte cuenta de que esas eran realmente las cosas más importantes, y lo más fundamental, no quieras ser la persona más rica del cementerio, porque cuando somos jóvenes sacrificaríamos nuestra salud por la riqueza, y cuando envejecemos sacrificaríamos toda nuestra riqueza por un solo día de salud.

No le damos prioridad a la salud hasta que la perdemos, y cuando la perdemos solo queremos recuperarla para hacer las cosas que nos encantan hacer.

No digas que no tienes tiempo.

La actitud es una pequeña cosa que marca una gran diferencia. Deja que tu actitud cambie tu entorno, pero nunca dejes que tu entorno cambie tu actitud.

¿El miedo nos limita?

La incertidumbre de no saber lo que va a pasar es miedo. Todos compartimos y experimentamos en algún momento el miedo. La función del miedo es mantenernos a salvo. No conozco a ninguna persona que no le tema a nada.

El miedo es una máscara de protección que, lejos de mantenernos a salvo, en realidad nos paraliza. Mientras le prestamos atención nos roba confianza y nos hace creer que no somos capaces ni lo suficientemente válidos para enfrentarnos al mundo.

El miedo es incertidumbre

En cada momento el miedo nos lleva a una inseguridad cada vez más profunda.

Si fuera predecible, no valdría la alegría vivir la vida, si todo fuera tal y como deseáramos que fuese, no hubiese sitio para la incertidumbre porque no seríamos seres humanos, sino máquinas.

El miedo lleva a la inacción

Un valiente y un cobarde sienten miedo en la misma medida. Lo único que el valiente actúa a pesar del miedo, y el cobarde se queda parado por el miedo.

Tienes que decidir qué quieres hacer con el miedo en cada momento. ¿Cuál quieres que sea tu respuesta cuando tengas miedo de hacer algo?

El miedo solo existe en el funcionamiento de la mente. Alguien te ha hecho temer al amor, al rechazo, a los extraños, a lo desconocido, cuando eras un niño.

La mente no sabe cómo borrar el miedo a no ser que te vuelvas muy consciente, porque no puede desprogramarse a sí misma.

Vivimos desde el miedo. Hagas lo que hagas, recuerda que desde el miedo no vas a crecer. El miedo no se puede eliminar por completo, solo puede comprenderse.

El miedo es energía y una realidad que aparece porque deseas algo

Siempre que nos encontramos con algo nuevo, la mente nos dice: "Ten cuidado porque es algo que no has hecho antes". La mente quiere que hagas algo que ya has hecho porque es más seguro. La mente quiere evitar errores.

El miedo habla de nuestros "límites" y también de nuestro potencial

Uno de mis miedos era hablar en público, y a raíz de publicar mis tres primeros libros en el 2019 tomé la decisión de exponerme más a pesar del miedo.

Durante más de un año estuve haciendo un directo al día durante 466 días consecutivos, y para mi sorpresa fueron más de 200.000 personas las que siguieron mis publicaciones a pesar del miedo de ponerme frente a una cámara y hablar en público.

Cada vez que huyes de tu miedo, él gana poder y tú lo pierdes. Cada vez que actuamos dominados por el miedo, nos escondemos cada día más.

¿Qué pasaría al cambiar el enfoque cuando tengamos miedo?

Y si resultara que el miedo es una señal que nos alerta de aquellas áreas de tu ser que necesitan ser atendidas. El miedo al rechazo nos alerta de que necesitamos aprobarnos primero y trabajar nuestra autoestima.

En general cualquier miedo nos ofrece la oportunidad de superarnos a nosotros mismos y evolucionar.

Tenemos derecho a tener y sentir miedo porque forma parte de nosotros. Conocerse a uno mismo es el mayor regalo que nos podemos hacer en esta vida para comprender nuestros miedos y aceptarlos.

Hemos aprendido a vivir con miedo. Afrontarlos no es una tarea fácil, pero no es imposible.

Si permitimos que el miedo, las preocupaciones y las inseguridades dominen nuestras vidas, será a cambio de permitir que nos roben nuestros sueños.

Los miedos no son nuestra responsabilidad, pero solo nosotros podemos afrontarlos y superarlos. En muchas ocasiones nos ponemos limitaciones innecesarias a nosotros mismos que nos impiden perseguir nuestros sueños.

Todas esas limitaciones están basadas en el miedo al fracaso, en el miedo al qué dirán, en el miedo a perder o en cualquier otra creencia que nos han inculcado.

Siempre tendremos a alguien que nos diga que "vayamos a lo seguro", que "para qué quieres hacer eso", que "eso es solo para unos pocos", que "a dónde vas tú, si no eres nadie".

Atrévete a desafiar todos esos mensajes que impone el miedo, porque quienes lo dicen no hacen sino manifestar sus propios miedos. Si tú no haces nada por ti no lo hará nadie. Si tú no confías en ti, nadie confiará en ti. Y si te caes, te puedes levantar y seguir.

Tenemos muchos miedos, pero, sobre todo, tenemos miedo a enfrentarnos a nosotros mismos.

¿Tienes más miedo a fracasar que a la frustración de no haberlo probado?

¿Tienes más miedo al ridículo que a la satisfacción de haber perseguido tus sueños?

¿Tienes más miedo a defraudar a los demás que a defraudarte a ti mismo?

"Muchos de nosotros elegimos nuestro camino por miedo disfrazado de practicidad", Jim Carrey durante el discurso de graduación de la Maharishi University of Management de Iowa en mayo de 2014.

CONFIANZA LIMITLE$$

¿Estás satisfecho o hay aspectos de tu vida que te gustaría mejorar?

No pasa lo que queremos, pasa lo que necesitamos, es duro decir esto, pero es la realidad. Muchas veces no sabemos hacia dónde vamos y la vida nos da una buena hostia que nos hace tocar fondo para empezar a cuestionarnos cosas.

Un cambio de mentalidad

Confío en la vida porque es un regalo que no valoramos y apreciamos en muchas ocasiones. Todo lo que me ha pasado me ha hecho crecer y hacer todo lo que dependa de mí para vivir limitle$$.

¿Qué es lo que depende de ti?

La forma de pensar, ser y actuar.

Hay que tener fe, hay que tener convicción, hay que tener coraje, hay que asumir ciertos desafíos, porque el que no asume no arriesga, y el que no arriesga, no gana y mañana o ganamos, o morimos ganando.

No sé lo que va a pasar mañana. Ahora lo que sí sé es que conforme pasan los días en el contexto actual, tiene todavía más consecuencias en nuestra forma de pensar, que es la que determina la forma de sentir, las acciones que llevas a cabo y los resultados que consigues.

Cuando queremos hacer algo y no sabemos qué hacer, es incertidumbre.

¿De quién es la responsabilidad si le ponemos menos ganas, ilusión y alegría por miedo?

Lo que podemos controlar es lo que pensamos y elegir cómo nos sentimos.

¿Qué es todo aquello que no podemos controlar?

Las circunstancias son las que son; pero tu actitud la eliges tú. El mundo está cambiando y somos vulnerables porque en la vida no controlamos todo. Céntrate en el hoy y aprende a ver lo bueno de cada situación.

El reto es moverte más rápido que el problema que se mueve en tu mente con moscas. Recuerda que las abejas van a las flores, no a buscar mierda.

Todo el rato buscamos fuera un aprendizaje y que nos digan cómo hacer las cosas. Tienes que convertirte en CÓMO HACERLO. Lo tienes que HACER TÚ. Todo está dentro de ti.

¿Cómo te va a decir alguien lo que tienes que hacer?

Hacerte las preguntas correctas es lo interesante. Si decimos que no sabemos hacerlo, es una excusa.

La mayoría de personas responden las preguntas, pero ¿quién sabe hacer preguntas? La calidad de tu vida depende de la calidad de tus preguntas, y si te haces preguntas de mierda, pues ya sabes las respuestas como serán…

Si quieres resultados diferentes vas a tener que hacer cosas que quizás nunca hiciste. Acércate a tus límites para saber dónde están y seguir avanzando.

¿Quieres conseguir lo que te propongas?

Todo empieza por el lenguaje. En lugar de decir: "no sé" o "no puedo", mejor hazte otras preguntas:

¿Qué necesito para hacerlo?

¿Quién me puede ayudar?

La palabra difícil es de las que más escuchamos y podemos sustituirla por RETO.

¿Cómo cambia?

Un viaje de mil millas empieza con un primer paso.

Es posible superar los límites que nos ponemos, en solo tres pasos:

1. **Actuar:** independientemente de que tengas miedo, pasa a la acción, sé el capitán de tu propio barco y tu propia vida. Acepta el miedo y actúa con ese miedo como compañero.

2. **Pregúntate qué es lo peor que te puede pasar:** seguramente sobrevivas y las consecuencias solo te molesten durante un tiempo sin ser para tanto.

3. **Pregúntate qué es lo que te estás perdiendo por no actuar**, por no atreverte a hacer las cosas que realmente quieres. Imagínate cómo podría llegar a ser tu vida si te atreves a actuar a pesar del miedo. Todo lo que quieres en la vida está detrás del miedo.

Piensa en el resultado positivo; porque cuando tenemos miedo siempre pensamos en lo negativo. Es normal. ¿Qué te parece pensar a partir de ahora y considerar que el miedo es señal de algo positivo que va a suceder? ¿Qué es lo mejor que puede pasar? Piensa en una decisión en la que tuviste que afrontar un gran cambio hace años. ¿Cómo te sentías antes? ¿Cómo fue el cambio?

Todos alguna vez hemos querido incorporar algo nuevo a nuestras vidas, pero nos hemos dicho la frase: "¡Esto es muy difícil!"

Todo es muy difícil si nos decimos "no puedo"

Nos decimos que no podemos hacerlo cuando en verdad no es así. Tendríamos que decir "no es que no pueda, es que en realidad no quiero". Porque en nuestra zona de confort estamos muy cómodos, sin mayores preocupaciones, sin mayores esfuerzos. Empezar a meditar, ir al gimnasio todos los días, intentar dejar de fumar, escribir un libro.

La gran mayoría de personas no se arrepienten del cambio, sino que celebran haber tomado esa decisión a pesar de que reconocen que fue difícil cambiar.

Cuanto más difícil mejor, más desafíos; porque cuando eras un niño, eran difíciles…

Sin embargo, tan pronto como crecemos, las cosas difíciles empiezan a volverse más y más simples.

Fácil, es decir, lo difícil es hacer.

Todo es muy difícil antes de ser muy fácil

Regla de 3 ante los retos:

1. Aparece un reto.

2. Lo haces o no lo haces.

3. Mejoras, creces y aprendes.

Siempre surge un nuevo reto. Y así hasta el fin de tus días. Y por cada uno de esos retos, llega una recompensa que cada vez es un poco más grande que la anterior.

La incertidumbre y los retos actuales nos traerán recompensas

Ahora venimos de un mundo donde la gente tenía un trabajo estable que duraba 40 años y no tenía preocupaciones sobre el futuro. Quizás tenía menos expectativas, la vida era más monótona y el crecimiento personal no era tan importante.

La gente vivía enfadada con el mundo, pero no había tantas preocupaciones que generan estrés. Hoy en día ya no existe esa seguridad y todo el mundo depende mucho más de sí mismo.

El cambio es constante. ¿Cuál es el problema? Nos han educastrado a ser lentos y prepararnos para un solo trabajo y nos cuesta adaptarnos a los cambios.

El mundo ha acelerado el cambio y estamos en la era de la incertidumbre donde tendremos varios trabajos diferentes en los próximos años.

Miedo a la incertidumbre

Cuando estamos educastrados a la seguridad y estabilidad. Lo único que nos dará seguridad y estabilidad es nuestro propio crecimiento personal sin esperar que los demás lo hagan por ti.

La calidad de vida de una persona depende de la calidad de sus emociones, y estos provienen de sus pensamientos y a su vez de sus creencias. Lo que crees, creas.

Nos han convencido de que la calidad de nuestra vida depende de nuestros resultados.

En la vida se aprende más de las derrotas que de las victorias, y si solo eres feliz cuando ganas y todo va como deseas, prepárate para ser infeliz.

No tomamos acción por miedo, porque no queremos porque podemos hacerlo con miedo.

Si nos decimos que no sabemos dar una clase de lo que sea, hazlo y cuando lleves 100 clases no dirás lo mismo.

La rabia, la ira, la frustración, la vergüenza, la ansiedad, el rechazo y la incertidumbre son miedos.

¿Sabes cuál era mi mayor miedo?

No amarme a mí mismo.

El primer paso es reconocer los miedos porque son el camino que tenemos que atravesar.

Los miedos son la grandeza, las oportunidades de crecimiento.

El segundo paso es amar, porque no es posible frustrarse y amar al mismo tiempo.

La mente es como un jardín donde decides qué semillas quieres sembrar e incluso, si no siembras nada lo que saldrán son las malas hierbas solas.

Si no tienes un sueño, la mente automáticamente se va a los problemas, las preocupaciones y los miedos.

Es imposible arreglar un problema que no reconoces. La responsabilidad hay que asumirla porque la culpa no sirve para mucho.

A diario tomamos decisiones y muchas de ellas son inconscientes. Si algo no te gusta, debes tomar decisiones para cambiarlo.

EL PODER DE TU MENTE

Nuestra MENTE está programada para descubrir qué nos causa dolor y evitarlo.

¿Qué te dices a ti cada día? (a tu MENTE).

La MENTE te escucha, tus códigos, tu lenguaje.

Si dices esto es una mierda, ¿qué crees que interpreta tu MENTE? El trabajo de la MENTE es protegerte y alejarte del dolor.

¿Quién le habla a la MENTE?

La MENTE escucha y hace caso. Garantizado.

Tienes que ser 101 % responsable con lo que le dices a tu MENTE, porque hace lo que le dices que quieres sin diferenciar entre lo [bueno] y lo [malo], lo [correcto] o lo [incorrecto], simplemente te cree.

Primero creas tus creencias y luego tus creencias te hacen a ti... Tu cuerpo actúa de acuerdo con tu forma de pensar y tu mente acepta todo lo que le dices.

Si por ejemplo dices: "nada me funciona" o "todo me funciona". ¿Qué pasará? Lo que crees, creas.

¿Me gusta o no me gusta?

Tu cuerpo responde a las palabras que le dices a tu MENTE, a tus pensamientos. La MENTE aprende por repetición y hace lo que cree que tú quieres que hagas.

¡Será mejor que sepas cómo utilizarlo!

Tu MENTE piensa qué es lo que quieres y te ayuda.

Si, por ejemplo, te quieres levantar temprano, hacer ejercicio y comer sano, lo que hace tu MENTE es pensar que es lo que quieres y que es lo que le has dicho en otro momento.

Si tienes hábitos que no quieres, es porque tu MENTE ha guardado los mensajes de qué es lo que quieres. La clave es la comunicación con tu MENTE.

Si estás en un restaurante y en el menú tienen hamburguesas y dices: "me encantan las hamburguesas"; pero mejor voy a pedir una ensalada, y tu MENTE te dice para qué quieres una ensalada si nunca te ha dado más placer que una hamburguesa.

En algún momento has dicho, me encantan las hamburguesas y si pides una ensalada tu MENTE te dirá que comas una hamburguesa. ¿Le dices lo correcto a tu MENTE?

Si le dices a tu MENTE que te gusta la hamburguesa y que te gusta más sentirte con más energía, sabiendo que podrías comerte la hamburguesa y que ya te la comerás, porque en este momento eliges cuidarte y sentirte genial.

Si el mensaje a tu MENTE es que quieres la hamburguesa, pero no puedes, el deseo subirá y será casi irresistible. En realidad, puedes comer hamburguesas todos los días, solo que eliges estar con más energía. Así, el deseo disminuye.

El deseo nace del control y puede hacerse insoportable; porque si en vez de una pizza son unos dulces, dirás que quieres; pero no debes o puedes decir que los dulces están todos los días y tal vez los comerás algún día.

En el trabajo es igual, la MENTE escucha y te anima a postergar porque no quieres hacerlo y lo sabe, por eso trata de distraerte. Sin embargo, si eliges hacerlo y no prefieres estar en ningún otro lugar, la MENTE lo percibe y te ayuda.

Si te hace feliz y te sientes bien, la MENTE se encargará de darte más energía y motivación para que termines todo lo que quieras hacer.

¿Cómo dialogas con tu MENTE?

Tienes que decirte que te **encanta hacer esto** y la MENTE así anula todas las resistencias.

"Haré lo que sea para…".

La persona que se hace un tatuaje no piensa en el dolor, piensa en que le encanta hacerlo. Por eso, racionaliza: ¿por qué te sientes [mal]? Y convéncete de lo contrario.

En un atasco puedes sentirte [bien] por estar en un coche, puedes poner música y escuchar lo que dicen las letras de las canciones. ¿Qué eliges?

Dile a tu MENTE lo que quieres. Quiero "esto" y tu MENTE te hará caso. Sonríe y confunde a tu MENTE.

Háblale a tu MENTE y dile lo que quieres, dile lo que te gusta, haz lo que sea necesario. Puedes elegir creerlo, pero mejor pruébalo, es GRATIS.

No es pensamiento [positivo], sino comunicación directa con tu MENTE. Piensa en las siguientes expresiones: "no lo puedo soportar", "es demasiado difícil", "no es justo", "qué desastre", "qué aburrimiento", "me está matando"…

Esas palabras envían un poderoso mensaje a tu MENTE. Cámbialas ahora mismo en una hoja de papel por otras. Es un reto, una oportunidad. Entiende que las palabras hacen que tu MENTE trate de escucharte.

En mi caso, al hablar en público me ponía rojo como un tomate, y no quería hablar en público por miedo a equivocarme o que se rieran de mí. Por eso, nunca levantaba la mano, no quería hacer una presentación, me asustaba, me ponía nervioso y buscaba excusas.

Era consciente de mis miedos y traté de enfrentarme a ellos, acudiendo a un programa de televisión visto por millones de espectadores, pero me faltaba algo más.

Empecé a sudar y tuve que pensar: ¿a quién le importa?

Mi MENTE interpretaba que llamar la atención o hablar a un grupo de personas era doloroso, hasta que elegí ser el dueño de mis pensamientos.

Elegí decir que me encanta hablar en público y cambiar los miedos por palabras agradables. La experiencia es la misma y tú decides cómo reaccionar.

Elijo estar agradecido de poder hablar en público porque me hace feliz y, entonces, mi MENTE me ayuda con más energía.

Una habilidad es la comunicación; pero lo más importante es la comunicación contigo. Si te comunicas de una forma específica, relevante y precisa, lo que hará tu MENTE es entenderlo y ayudarte para avanzar mucho más rápido que con un lenguaje [incorrecto].

Actualiza tu [SM]: Software Mental

Di: "me encanta…" y pronto se convertirá en tu verdad.

Primero creas tus hábitos y creencias. Luego tus hábitos y creencias te crean a ti.

Toma conciencia de lo que no te gusta y entrena a tu MENTE para decirle lo que te gusta. La MENTE solo quiere alejarse del dolor. Tú tienes que decirle qué es lo que "te encanta hacer".

A veces no te apetece hacer algo, pero si le dices: "me encanta", "me gusta", podrás hacer cualquier cosa.

Elige cada minuto de cada día cómo dialogar con tu mente, es un ejercicio mental. Grábate lo que dices y fíjate en las palabras que usas todo el tiempo y cámbialas.

Aumenta las expresiones [positivas] y serás imparable.

¿Qué eliges?

¡Recuerda que eres increíble!

Yo he elegido vivir una vida EXTRAordinaria.

Ahora te toca a ti elegir.

EMPIEZA VIVIR LIMITLE$$.

Para elegir, tienes que tener claridad y saber qué es lo que quieres ser, hacer y tener en tu vida.

Todos en algún momento hemos hecho una lista de la compra o para hacer la maleta en un viaje, porque nos ayuda a reducir las cosas que se nos pueden olvidar. Una lista para no olvidar las cosas.

No olvides saber qué es lo que quieres. Es tu vida.

¿Planificas tu éxito o planificas tu fracaso?

El universo tiene un tiempo. Un espacio para que las cosas sucedan. Sigue avanzando pase lo que pase. Paciencia.

¿Cómo funciona nuestra MENTE?

Tenemos ideas o creencias aceptadas como ciertas que realmente no lo son. Los cambios son difíciles y dolorosos, porque cuestan mucho tiempo y esfuerzo.

Seguro que has escuchado alguna vez: "Más vale lo malo conocido que lo bueno por conocer".

Nos sentimos seguros haciendo lo que hacemos y más cómodos que en la zona de miedo donde nos surgen inseguridades. Las opiniones de los demás, creer que no puedes hacer algo, y el miedo al cambio matan los sueños.

Una vez que empiezas a salir de tu zona de confort, vas a pasar por la zona del miedo, y es normal sentir miedo, ahora aquí es donde si aprendes a gestionarlo, tu vida empieza a expandirse hasta llegar a lugares inimaginables.

Sabemos que creamos nuestra realidad con nuestros pensamientos, sentimientos, el lenguaje y las acciones.

Lo que pienso, lo que siento, lo que digo y lo que hago.

La mayoría de las ocasiones las personas piensan unas cosas y dicen otra distinta, y hacen lo opuesto o incluso no hacen nada.

Este es el gran reto, porque si no hay congruencia, nuestros pensamientos y realidades no van a estar alineadas.

El 95 % del éxito radica en una mentalidad adecuada y más si cabe en este siglo, donde hay una enfermedad llamada: MEDIOCRIDAD.

No hay escasez de talento, solo escasez de personas que piensen en grande para vivir limitle$$.

Para alcanzar tus sueños tienes que empezar a hacer cosas diferentes.

Nuestra mente consciente y subconsciente

Estas dos mentes operan de forma distinta, donde la mente consciente te habla en francés y la mente subconsciente te habla en japonés. Muchas personas quieren comunicarse con su mente subconsciente, hablando con una lengua que el subconsciente no entiende.

La mente consciente viaja en el tiempo al pasado y al futuro. Procesa la información a 50 bits/s y el tiempo de toma de conciencia son 250 ms. Hacemos las acciones de forma consciente: piloto manual.

La mente subconsciente depende de los procesos psicológicos de cada persona.

No somos conscientes de la gran parte de los procesos y de todo lo que está oculto en nuestra mente.

El subconsciente libera a la consciencia y se ocupa de todo de forma automática. Puede procesar 11.000.000 bits/s y el tiempo para hacer los procesos ante la información que recibe son 100 ms. Es el piloto automático, por eso muchos pensamientos y emociones son inconscientes.

Las decisiones las tomamos en base a lo que el subconsciente conoce.

S.A.R.: Sistema de Activación Reticular

Este es el filtro del cerebro, es decir, el cerebro recibe toda la información de todo lo que pasa fuera de nosotros, dentro de nosotros y hay tantísima información, incluida de aquella que no somos conscientes, y si no tuviéramos este filtro en menos de 5 minutos nos volveríamos totalmente locos.

Porque no seríamos capaces de procesar toda la información que nos llega tanto dentro como fuera de nosotros.

Cuando por ejemplo te has comprado un coche nuevo, de repente empiezas a ver ese coche en todos los sitios. Lo mismo cuando una mujer está embarazada, comienzas a ver embarazos y mujeres embarazadas por todos los sitios. Pues esto es por el S.A.R. que de repente te dice: "esto es importante".

L.R.I.: Límite de Rendimiento Inconsciente:

Es un límite de un techo de cristal, es decir, rinde nuestra barrera a nivel inconsciente.

Por ejemplo: imagínate que a nivel económico tú estás programado a ganar 3000 euros al mes, o la cantidad que tu sueñes. Por ejemplo, si en un mes ganas 5000 euros, algo va a pasar. Se estropea el coche, o tienes que pagar más impuestos, algo sucede y vuelves de nuevo a tu L.R.I.

La mente no es que nos quiera amargar la vida, la mente lo que quiere es protegerte. Por eso, esto se ve en todo, en tus relaciones, imagínate que tu vienes y me dices: "Oye, Luis, es que mis relaciones solo me duran 2 meses". Pues ahí hay que hacer una revisión, y el límite de rendimiento inconsciente se ve en todo.

¿Te gustaría saber cómo aumentar ese techo de cristal para que tu subconsciente te apoye?

Trata de cambiar tus creencias, porque una creencia es aquello que crees verdadero. Normalmente nuestras creencias las tenemos porque las hemos captado desde los 0 a los 7 años.

Imagínate, tenemos el ordenador por un lado y por otro lado tenemos el hardware y el software. El software es esa parte donde tenemos los archivos, los programas, y es lo que hace que todo funcione muy lento y que no hemos actualizado.

Imagínate que tú tienes un ordenador y que hace 20 años no lo actualizas ¿Cómo iría el ordenador?

Como en muchos casos funcionamos con creencias de hace 20 años que no se han actualizado, seguimos el mismo patrón. Por eso, la toma de consciencia, hace que te digas: "oye, esta información voy a revisarla, cuestionarla y reprogramarla".

Recuerda que, si cuidas tu ordenador, imagínate cómo debes cuidar a tu mente.

Esto también funciona con el coche, tú cuando vas a la gasolinera no le dices a la persona: "ponme la peor Gasolina", nada que ver, lo mismo pasa con tu mente, tienes que ponerle la mejor gasolina.

Las creencias no están ahí por casualidad, sino que han sido fruto de los diversos aprendizajes que hemos ido experimentando a lo largo de nuestras vidas.

Lo bueno, es que tenemos el poder de cambiar o reprogramar nuestras creencias.

Creencias de merecimiento

Si crees que no puedes, no vas a poder.

Las personas no creen que merecen aquello que quieren y se autosabotean. Ahora quiero que lo escribas y decretes para tu vida en papel lo siguiente: "ME LO MEREZCO"...

Creencia de capacidad

Este tipo de opiniones nos hacen creer que tal vez algo sea posible, aunque no es posible para nosotros. Muchas veces nos preguntamos si somos capaces, y claro que lo somos.

Creencia de posibilidad

¿Es posible para mí?

No te imaginas la cantidad de veces que he trabajado esta creencia e incluso para mí, por lo que he tenido que trabajar este tipo de creencias cuando veo que es posible tener la vida que tengo gracias a mis empresas.

¿Cómo funcionan las creencias con los resultados?

Pues tenemos las creencias que son aquellas que no se ven que podríamos decir que son las raíces de un árbol, y tenemos los resultados, que es todo lo que se ve, lo tangible, y siguiendo la metáfora serían los frutos de ese árbol.

La mayoría de las personas plantan limones y esperan un tomatero. Dicen: "Yo quiero el tomate más rico del planeta para mis ensaladas".

Por eso, si queremos resultados distintos, no mires al fruto, es decir, no mires aquello que no te gusta, no mires ese trabajo que detestas, no mires esa relación de pareja que ya no te aporta nada en tu vida.

Pregúntate qué creencias están alimentando ese fruto.

¿Qué creencias tengo que transformar para que no me siga dando una y otra vez ese fruto?

Si tienes un hábito ya no te cuestionas las cosas. Tenemos muchos hábitos que nos están limitando, un divorcio, una ruina. Nada se hace de la noche a la mañana.

¿Cómo transformamos esos hábitos limitantes?

Te propongo hacer una lista de tus 7 hábitos más limitantes y jerarquizarlos: del más limitante al menos. Después elige la versión positiva de los dos primeros y cambia al menos un hábito limitante al mes.

Las tres fases para cambiar creencias que te propongo son:

Fase 1: revisar esas creencias, de qué crees sobre la vida, sobre las actividades, sobre tu tiempo de ocio. Observa tu vida, económica, personal y laboral. Ahí se encuentran las creencias ocultas.

Fase 2: cuestiónate y hazte preguntas: ¿quién sería yo sin esta creencia? Hace muchos años una de las creencias que me limitaban era que tenía miedo de hablar en público, y es entonces cuando me pregunté, ¿quién sería yo y qué sería capaz de hacer sin esta creencia? ¿Cómo podría impactar a miles de personas hablando en público? He impartido conferencias para miles de personas.

Fase 3: reprogramar esas creencias. Aquí es donde empieza a surgir la magia, todos esos programas del ordenador, esos archivos que ya no sirven los eliminamos.

Empecé a vivir limitle$$, gracias a cuestionarme muchas creencias que me estaban limitando. La vida puede ser limitle$$ para ti también, no me creas y compruébalo.

¿Si solo te quedaran 6 meses de vida, qué harías y con quién los pasarías?

Si no hubiera límites, ¿qué te gustaría ser, hacer y tener?

¿Qué tendría que pasar hoy, esta semana, mes y año para que sintieras que ha sido el Mejor Año de tu Vida?

¿Cuáles son tus metas en ámbito personal, familiar, espiritual, económico, y de salud para este año?

A estas alturas como he repetido en este libro, tienes que escribirlas, porque si no están escritas, no existen.

¿Qué es lo primero que te dices (cuáles son tus pensamientos, cómo te sientes) al levantarte y lo último al acostarte?

¿Cuál crees que es tu mayor obstáculo entre tú y lo que siempre has querido? ¿Es eso verdad?

¿Cómo puedo sentirme feliz y agradecido ahora?

El tiempo es una de las cosas más valiosas y lo sabes tú, lo sé yo y lo sabe todo el mundo.

La relación más importante

¿Cómo quieres que sea tu relación?

¿Qué quieres que tenga?

Las creencias limitantes te impiden disfrutar de las relaciones. Es el momento de vencerte. Cuando te vences, te convences.

¿Tienes una mala relación contigo?

¿Por qué?

¿No te amas?

¿No has sido capaz de perdonarte?

Quiere tus defectos, y los que no te gusten y puedas cambiarlos, los cambiarás. Paso a paso.

Perdónate por todo aquello que te estás culpando, echándote en cara, aunque tengas razón; pero perdónate a ti o a la otra persona a la que estás haciendo daño.

¿Qué te impide pasar página?

Enfréntate a ti, entiéndelo, acéptalo.

La VIDA es un regalo

¿Cómo recibes un regalo?

Te lo están regalando en este preciso instante.

¿De dónde viene la energía?

De querer vivir cada segundo de verdad, no de boca.

No vales nada y lo vales todo. Tienes que dar tu 101 %.

Todo se entrena.

Potenciadores de energía: la alimentación.

¿Cómo está tu vida?

¿Te mueves?

¿Haces 15 minutos de deporte al día?

Hagas lo que hagas hazlo con el corazón.

Lo que hablamos define lo que queremos ser. Del dicho al hecho hay mucho. Hay que hacer las cosas.

No importa quién eres, tu mundo se ve diferente hoy que hace dos meses. Pero permanece firme, y haz lo que sea necesario para lograr tus objetivos.

ConstanteMENTE buscamos en el calendario un nuevo comienzo: el cambio de un nuevo mes o año, o la salida del sol en un nuevo día.

Hoy, ahora mismo, puedes tomar la decisión de **EMPEZAR nuevaMENTE.**

Deshazte de las tareas pendientes y prioriza en lo que deseas lograr. Enfócate en lo que quieres para crear el futuro que deseas desde hoy.

¿Por qué se avergüenza de su cuerpo tanta gente y pocos se avergüenzan de su mente?

Actualizar tu [SM] es importante; porque tu MENTE hace lo que cree que quieres que haga.

¿Cómo te quieres ver?

Luego llegarás a lo que hay que hacer para ello.

¿En qué trabajo te quieres ver?

La vida te cambia todo y te pone en otro lado, te gira, te hace de todo porque lo tienes que VIVIR.

Si la vida te cambia algo, puede ser una señal para no hacer nada o bien puedes pensar y hacer lo contrario. Es una prueba para demostrar si tienes el valor suficiente como para seguir todavía más, y superar esa situación para llegar a tu objetivo porque está ahí mismo.

Cuanto más grande es la dificultad más cerca está el objetivo; pero muchas veces no lo vemos. Está detrás de la gran montaña y en cuanto EMPIEZAS a escalarla te das cuenta que es mucho más pequeña y que solo es para disuadir.

AHORA ES EL MOMENTO
VIVIR LIMITLE$$

Si queremos que todo siga como está, es necesario que todo cambie. Solo hace falta un instante para que todo cambie. En un instante, todo cambia…

Un instante que nos marcará para siempre. Cualquier emoción implica un cambio. Resistirse al cambio, no sirve de nada porque la realidad es que no es así. Todo sin darnos cuenta, cambia.

Víctor Frankl decía que: **"Cuando no somos capaces ya de cambiar una situación, nos enfrentamos al reto de cambiar nosotros mismos".**

Nunca volvemos a ser los mismos después de una nueva experiencia. El tiempo nos transforma. La única forma de crecer como personas es aceptarlo.

Toda la vida es un cambio, ¿por qué tenemos miedo?

Lo que tenga que ser será. Si algo tiene que pasar, sucederá. Y si no debe hacerlo, no lo hará. Es fácil. Todo pasa y todo llega. Somos producto de nuestras circunstancias y nuestros deseos.

Nos preocupamos de aquello que no podemos resolver.

Si tiene solución, ¿por qué te preocupas?

Y si no la tiene, ¿por qué te preocupas?

Dicen que lo que no te mata te hace más fuerte, y que es precisamente ese impulso el que te ayuda a recorrer kilómetros de caminos de piedras con los pies descalzos.

La paciencia, es esa palabra que cuando nos enfrentamos con la incertidumbre de no saber cuándo va a llegar lo que anhelamos.

La paciencia es algo más que esperar. Es un arte. El don de la paciencia.

Creemos que la vida nos dice: "no", cuando en realidad solo nos dice: "paciencia". La impaciencia nos hace cometer errores.

Nos han enseñado a ser los primeros en todo, a ganar. Para eso, se necesita tiempo y paciencia.

Siempre he sido muy impaciente, impulsivo, inconformista. Quería todo de inmediato. No sabía esperar, hasta que decidí trabajar la paciencia y empecé a conocerme a mí mismo.

¿Por qué?

No estaba seguro de mí mismo.

Aprendí a vivir en la incomodidad, sin alterarme.

Pensar, respirar y esperar.

No hace falta conocer el futuro. Lo importante es concentrarte en lo que puedes controlar, y no en lo que no puedes controlar. Si dejas atrás el miedo y la incertidumbre para disfrutar la vida con tranquilidad.

Da igual quién seas y en qué momento de tu vida te encuentres, estoy aquí para recordarte que querer es poder.

El dolor es temporal y la gloria es eterna.

Todo está en constante movimiento, todo cambia.

Queremos pensar que nuestros padres van a estar ahí siempre, que nuestros amigos nunca nos fallarán, que nuestra pareja será la misma que al inicio de la relación, etc.

Cuando algo nos gusta, nos apegamos y no estamos dispuestos a soltarlo.

James Low decía que: **"La vida es simple cuando aceptas que es complicada. La vida es complicada cuando crees que debería ser simple".**

Pensamos que tenemos todo controlado, y cuando algo sale mal… Un error supone un cambio. La naturaleza es cambio. Todo cambia.

Cambiamos lo que pensamos cuando cambiamos lo que hacemos.

¿Eres feliz porque sonríes o sonríes porque eres feliz?

Al sonreír, mejoras tu estado de ánimo. Tu cerebro segrega dopamina y estás más predispuesto a percibir situaciones más positivas.

Al sonreír puedes engañar al cerebro para cambiar a otro estado emocional. Cambia lo que piensas con una sonrisa.

Cuando cambias lo que haces también influye en cómo te sientes. Puedes cambiar lo que piensas, cambiando lo que haces como decía William James: **"No canto porque soy feliz, soy feliz porque canto".**

Cada mañana yo me pregunto:

¿Cómo puedo conseguir que la gente sea más feliz?

La mayor amenaza eres tú mismo. Autodestrucción.

No son las circunstancias, sino nuestras decisiones.

Nadie nos enseña a ser felices.

Si no eres feliz no tienes nada. En mi caso, era una persona que me preocupaba por los demás y hacía felices a todos menos a mí mismo.

Siempre que viajamos en avión nos dicen que, en caso de emergencia, ruegan que te coloques la máscara de oxígeno antes de ayudar a los demás. **Si no nos ayudamos antes a nosotros mismos, nos será imposible ayudar a alguien más.**

La MENTE no ha sido diseñada para que nos sintamos felices. Su objetivo es la supervivencia. La MENTE siempre está pendiente a lo [malo]. Estamos programados en modo supervivencia.

En el 2013 mi vida cambió y decidí que no quería seguir sufriendo. Decidí ser ejemplo, agradecer y vivir la vida al máximo.

Seas quien seas solo estás a un pensamiento de cambiar tu vida.

¡EMPIEZA VIVIR LIMITLE$$!

CUESTIÓNATE TODO
LIMITLE$$

A la vida no le importa lo que nos pasa.

Mañana volverá a salir el sol y se pondrá como siempre.

¿Qué estás pensando?

¿Hace falta pasar por una situación dolorosa para darse cuenta de la diferencia entre lo importante y lo que no lo es?

Vamos a gestionar mejor cada día las circunstancias, y que seáis capaces de enfocar cualquier situación de forma positiva y corregir poco a poco los condicionamientos.

Interpretar de una forma diferente las circunstancias porque la sociedad nos arrastra como ovejas.

¿Qué nos decían cuando éramos niños?

Tenemos uniones neuronales que generan nuestra forma de pensar, lo que hemos aprendido determina nuestros comportamientos, la persona que somos solo tiene sentido en nuestra mente.

¿Qué te molesta?

Lo interesante, es que te deje de molestar lo que te molesta.

No nos gusta cambiar, pero está en nuestra mano hacerlo una y otra vez.

A todos nos mienten alguna vez, y sentimos una emoción de rabia o decepción. Pregúntate: ¿me interesa entenderlo?

Es posible que tenga una razón para mentir y es buena, ahora, por qué quieres enfocarte en lo negativo o en la mentira o querer entenderlo. En la práctica significa romper uniones temporales y eso la mente no lo quiere hacer.

Tu nivel de pensamientos es proporcional a tu nivel de resultados.

Los pensamientos son un repelente porque energética-MENTE lo que piensas hace que se aleje o se acerque.

No hay nada seguro en la vida, nadie nos da la seguridad de que un trabajo nos vaya a durar toda la vida, de que nuestra pareja nos acompañará siempre o de que nuestros amigos permanecerán.

VIVIR SIN MIEDOS

¿Qué pasaría si pudieras vivir sin miedos y sin temores?

¿Cómo sería una versión de ti que no conociera el miedo?

El miedo reside en el alma y en la amígdala, porque es el que mantuvo con vida a nuestros antepasados.

Cada vez que tengas miedo, ¡celébralo!

Cuando sentimos miedo, es porque nos enfrentamos a un posible fracaso, pero algo cambia. El miedo al rechazo es el más interno que tenemos. Ser rechazado por alguien en privado es aceptable, pero no lo es tanto si es delante de una audiencia con más personas.

En lugar de negar nuestro miedo a la muerte o a lo que sea, vamos a permitirnos celebrar hoy que nos haga mejores personas.

¿Qué pasaría si te olvidaras de la mierda del pasado?

NO pierdas ningún segundo por EL PASADO.

Piensa en un momento difícil que hayas atravesado en tu vida.

¿Qué es lo que te ayudó a conseguir solucionar esa situación?

Escríbelo.

Y ahora piensa en un logro importante para ti (en lo personal y en lo profesional).

¿Cómo te sentías?

¿Qué hiciste para conseguirlo?

¿Quién te ayudó a conseguirlo?

Escríbelo.

La vida es una toma de conciencia.

Vivir limitle$$ no es decir que todo es maravilloso.

Hay personas que cambian en un instante, cuando toman la decisión de hacerlo. El cambio se origina en un segundo; pero se tarda tiempo en ver el cambio. Si no te haces responsable de tu vida, es improbable que tus pensamientos y tu vida puedan cambiar.

Todos queremos cambiar lo de afuera y en realidad lo de afuera representa tu estado mental. Todo lo que vemos en la vida, no lo estamos viendo. Toda la vida que vivimos es mentira. Hay emociones que nos han enseñado a evitar y ser una falsa idea de nosotros mismos que nos creemos.

No eres tu experiencia, no eres lo que has vivido, solo es la consecuencia de las creencias que has ido aceptando y reforzando a medida que has ido viendo y se te han repetido.

¿Cuál es el precio que estás pagando por no hacer aquello que sabes que tienes que hacer?

El ser humano pocas veces se arrepiente de lo que ha hecho; muchas más veces lo hace de las acciones que no ha llevado a cabo.

¿Cuándo fue la última vez que hiciste algo por primera vez?

Todo se crea dos veces; la primera de ellas en la mente.

No importa cómo fue tu pasado, tus sueños están cada vez más cerca. Cómo quisiéramos viajar en el tiempo y evitar la muerte de ese ser querido, llegar en el momento exacto para dar la vuelta y evitar una triste experiencia o parar antes de cometer un error.

Pero...

¿Y si empezamos a tomar el control de nuestra vida y mejoramos nuestro futuro?

¿Y si empezamos a ir a por nuestros sueños de una vez por todas?

El problema es que a veces nuestro pasado se convierte en la perfecta excusa para no tomar acción, otras veces en una cómoda prisión e incluso en una arriesgada forma de victimizarnos.

La buena noticia, es que tú puedes mejorar tus decisiones y darle forma al futuro que quieres a partir de ahora.

La gran pelea de la vida no es contra el mundo, es contra uno mismo.

En este libro te he pedido que reflexiones porque es muy sencillo. No vale con pensarlo o escribirlo en el móvil o el portátil.

¿Y por qué te digo esto?

Existe una conexión superpotente entre nuestro cerebro, nuestras emociones y nuestras manos escribiendo sobre el papel.

De hecho, te recomiendo que utilices la escritura como terapia, porque dejar soltar tu cerebro y escribir solo lo que te salga, es una forma muy terapéutica de liberar nuestras frustraciones y fomentar nuestra creatividad.

Se crea una conexión al escribir, al ver el objetivo mientras escribimos, y al escucharlo en nuestra cabeza.

Así, estarás reforzando lo que escribas. Se crearán caminos sinápticos en tu mente para querer lograr aquello que quieras.

¡Te aseguro que es una conexión brutal tanto con tu cerebro como con tu objetivo, con tu sueño!

LA VACA

Un Maestro samurái paseaba por el bosque con su discípulo, cuando pasaron junto a una cabaña de madera, muy pobre, frente a la cual había una familia vestida con ropas sucias y rasgadas, sin calzado.

El maestro se acercó al padre de familia y le preguntó: "En este lugar no existen posibilidades de trabajo ni de comercio... ¿qué hacen ustedes para sobrevivir?".

El padre contestó: "Tenemos una vaquita que nos da varios litros de leche todos los días; una parte de la leche la vendemos y otra parte la consumimos, de esta manera vamos sobreviviendo".

El maestro y su discípulo continuaron caminando. Al poco tiempo, el sabio dijo al muchacho: "Date la vuelta, busca la vaquita y tírala por el barranco".

El joven se sorprendió mucho de la orden recibida y objetó: "Pero, maestro, vamos a privarles de su único medio de vida". El maestro no respondió y el discípulo obedeció su orden.

Tiempo después; sin embargo, se sintió culpable y decidió volver a la cabaña para pedir perdón y ofrecerles ayuda. Con sorpresa, descubrió que donde antes había una casucha de madera y una familia harapienta ahora había una hermosa casa de piedra con un jardín florido, un coche y varios niños bien vestidos. Con sorpresa, descubrió que se trataba de la misma familia con la que tiempo atrás habían hablado su maestro y él.

Naturalmente, preguntó al dueño de la casa cómo había sido posible ese cambio. Este le contestó: "Al morir la vaquita, no tuvimos más remedio que hacer otras cosas y aprender otras habilidades que antes no teníamos; así fuimos progresando hasta llegar a tener lo que ves".

La moraleja de este cuento es: a veces tenemos una vaquita que nos proporciona alguna cosa básica, pero que, al mismo tiempo, se convierte en una rutina, nos hace dependientes de ella y nos impide ir más allá de lo que la vaquita nos brinda. Tira, pues, por el barranco a tu vaquita.

Si quieres nuevos caminos tendrás que dejar atrás ciertas cosas, decidir cambiar.

El cambio cuesta, pues nos aferramos a lo que conocemos; pero el cambio puede compensar más de lo que imaginamos.

¿Cuál es tu vaca?

Es común que las personas echemos "balones fuera" cuando nos toca asumir la responsabilidad sobre algo. Cuando hacemos esto, perdemos la oportunidad de solucionarlo por nuestros medios, y depositamos la responsabilidad fuera de nosotros.

Si no asumimos lo que hacemos mal, difícilmente podremos cambiarlo.

Un ejemplo clásico es el de la frase; "He aprobado, me han suspendido". Cuando aprobamos el éxito es nuestro, cuando suspendemos, la culpa es del profesor. Si entendemos que tanto el éxito como el fracaso es en gran parte responsabilidad nuestra, tendremos más opciones para conseguir lo que pretendemos.

Los psicólogos dicen que podemos tener un estilo atribucional positivo o proactivo, que es cuando entendemos nuestra parte de responsabilidad en que las cosas pasen. Cuando hacemos lo contrario, y entendemos que las cosas no dependen de nosotros, nos centramos en un estilo reactivo.

Evidentemente, esto no excluye el papel de las circunstancias en que las cosas pasen o no pasen; pero si admites, que la manera de enfocar los acontecimientos influye en como te afectan, serás más capaz de controlar la situación en lugar de ser controlado por ella.

No tenemos varitas mágicas para cambiar a las personas.

o las circunstancias; pero sí podemos tomar conciencia de cómo hacemos las cosas y pensar en cómo mejorar nuestro comportamiento.

Estamos hechos para AMAR. Hay varios tipos de AMOR. Los bebés son egoístas cuando nacen. Luego el amor de si me das lo que yo quiero, yo te doy.

Ya sabemos que cuando amas te sientes más vivo o más viva. Cuando escondes el amor te haces mal. El AMOR es generosidad incondicional.

La vida está para buscarle un significado más elevado. Las experiencias de sufrimiento nos hacen trascender. A mí me han ayudado y yo quiero ayudar, porque sigo cada día limpiando mis propias creencias ocultas.

La vida es como es y no quiero perder ni un minuto en AMAR la VIDA. Somos bioquímicamente únicos y hay normas y partes de la vida que tenemos que aprender.

¿Habéis hecho algo que os parecía imposible antes de hacerlo?

¿Cómo lo lograste?

¿Qué es lo primero que hiciste?

Seguro que tienes muchas respuestas; pero lo primero que hiciste es enfocarte muchísimo.

Si quieres progresar, crecer y evolucionar, tienes que enfocarte en lo que quieres.

¿Cuánto tarda un bebé en andar?

¿Te creerías si alguien te dijera que no vas a andar?

En mi caso, estoy orgulloso de ser quien soy y estoy agradecido de todo lo que hay en mi vida.

ACTITUD DE
GRATITUD LIMITLE$$

Debemos agradecer todo lo que nos beneficiamos cada día porque es un regalo.

Céntrate en todo lo que tienes y no en lo que no tienes.

Si quieres una vida EXTRAordinaria primero tienes que ser pleno tú.

El éxito sin plenitud es el fracaso definitivo.

En mi caso mi vida cambió cuando entendí que el desarrollo personal es el 90-95 % porque todo empezó a funcionar, empezar a vivir de nuevo y ser YO.

¿Qué es bueno para ti?

Para cada persona es diferente.

Si tienes plenitud tienes más energía, lo haces porque lo quieres hacer. La vida no es conseguir, la vida es tener plenitud, es SER PLENO.

Lo que ganes nunca te hará feliz, sino cómo te sientas.

¿Qué necesitamos?

Solamente crecemos si tenemos algo que dar, porque al compartir se multiplica.

Si no creces estas empezando a morir… Tenemos que crecer para poder contribuir

El éxito de hacer feliz a los demás sin plenitud para que estos estén felices es el fracaso. Todos en el mundo somos un aviso de ejemplo, somos un modelo.

La máscara del avión, primero te la colocas tú para salvarte a ti y luego poder ayudar a otros.

Una persona feliz encuentra la manera de apreciar la vida. El estrés es un estado de baja energía. Reírse, ser generoso es un estado diferente.

Hay muchas personas que no tienen la vida que quieren. Todos sufrimos en estados de baja energía, un golpe de dopamina (no siempre es como quieres). Nadie tiene en todo momento porque sentirse bien contigo mismo.

Ahora recuerda que pase lo que pase es un regalo, todo es un regalo, la vida es un regalo y está llena de oportunidades.

El dinero magnifica tu esencia, nada cambia sin una decisión.

Decisiones

En general nos escapamos de las decisiones, las prolongamos en el tiempo, y las aplazamos en muchas ocasiones.

Detrás de toda persona hay muchas decisiones valientes. Decidir, decidir y decidir porque siempre estamos decidiendo. Aunque no decidas o hagas nada también es una decisión.

Las personas no cambiamos si no trabajamos desde el origen. Y no vale decir: "no lo voy a volver a hacer". Hay que buscar en el origen, no en el resultado.

¿Dónde está el origen?

En nuestros pensamientos y emociones. En nuestras creencias. Por eso, para realizar un cambio tenemos los siguientes tres pasos:

1. Tomar conciencia (disponer de los conocimientos adecuados).

2. Voluntad (querer hacerlo, desearlo profundamente).

3. Hacerlo (en un momento en el que dada una circunstancia llega un cambio).

Y ahora quiero que tomes una decisión pendiente y la escribas en papel.

Mi decisión pendiente es _______. ¿Ya la tienes?

Ahora vas a escribir: mi decisión es hacerlo.

En la mayoría de las ocasiones decido hacerlo (decidir, decidir, decidir) ---> ACTUAR, ¡¡PASAR A LA ACCIÓN!!

La decisión ya está tomada, lo único que tienes que decidir es cuándo.

Si quieres ser mejor tienes que aprender de los mejores.

Las creencias influyen especialmente en la percepción e interpretación de la realidad, porque los valores están conectados con el corazón.

¿Cuáles son tus valores?

Todo el mundo tiene valores. Los juzgamos porque quizá no son los nuestros. Por eso hay que entender cuáles son mis valores.

En julio de 2017 empecé a diseñar mi nueva realidad, tomé tres grandes objetivos profesionales y personales a corto y medio plazo. Entre ellos me propuse escribir mi primer libro, ser padre y dar una conferencia con más de 1000 personas.

Mi decisión más compleja era atreverme a contar en público mi historia, lo que cuento en mi primer libro y lo que ya sabes (porque estamos tan enfermos como nuestros secretos).

Hubo un momento en el que pensé que mi vida no tenía sentido. Un día decidí elegir el tipo de persona que quería ser porque rendirse no es una opción.

Hay muchos caminos y estamos destinados a crecer para así tener algo que dar. La vida es una acumulación de experiencias.

No existen decisiones [positivas] o [negativas]. Existen caminos y como decía Steve Jobs: "Que una vez que miras al pasado, entiendes por qué cada cosa pasó".

Cuando tienes que decidir y decides obtienes alegría, satisfacción, felicidad o experiencia. La mayor fuente de cambio depende de uno mismo, y en el peor de los casos obtienes un montón de experiencia (no hay fracaso, solo aprendizaje).

Los pensamientos que tenemos han estado 3000 millones de años. Son ondas invisibles que capta la antena que tenemos. El cuerpo es el mando. Puedes cambiar de canal cuando quieras.

¿Para qué vas a ser feliz?

Existen 6 necesidades básicas en los seres humanos:

1. SEGURIDAD

2. VARIEDAD

3. IMPORTANCIA

4. AMOR Y CONEXIÓN

5. CRECIMIENTO

6. CONTRIBUCIÓN.

¿Qué nos impide avanzar?

La respuesta es el miedo. El secreto es aprender a usar el miedo en vez de dejar que el miedo nos use a nosotros. Existen dos miedos básicos: no ser suficiente y no ser amado.

¿Qué controla y determina vuestra calidad de vida?

El significado que le damos a cada cosa, nuestra psicología, las creencias y valores que hemos creado son los que controlan nuestras vidas.

Todos los significados están motivados por nuestros propios patrones emocionales. Todos nosotros contamos con estos patrones.

Esos patrones que son las emociones (como respiras, tu postura, tus movimientos), tu enfoque (por qué sientes aquello en lo que te concentras) y tu lenguaje (las palabras cambian el significado que le atribuimos a una experiencia).

Ahora ha llegado el momento de cambiarlo.

El significado verdadero de la vida, es ayudar a otras personas, por ejemplo, alguien hizo algo por mí y compartió conmigo y ahora me toca a mí.

No es lo que sabes o lees, es lo que haces.

El primer paso para crecer es saber lo que quieres. La mayoría de personas quiere muchas cosas, pero hay que hacerlas.

Para que las cosas cambien tú tienes que cambiar. Todo está cambiando en el mundo.

Las creencias controlan nuestra vida y pensamos que son nuestras y las hemos aprendido, sin saberlo, la creencia es un sentimiento de incertidumbre.

Aprender es un cisne negro en tu vida personal y profesional.

El secreto de vivir una vida EXTRAordinaria, es tomar el control de la MENTE, ya que esto solo determinará si vives en un estado de sufrimiento o un estado de paz.

Al final, todo depende del poder de las decisiones. Nuestras vidas no están conformadas por nuestras condiciones, sino por nuestras decisiones.

Viktor Frankl, autor del libro El hombre en busca de sentido decía que: "Nunca debemos olvidar que también podemos encontrar sentido en la vida, incluso cuando nos enfrentamos a una situación desesperada, cuando enfrentamos un destino que no puede ser cambiado".

Pues lo que entonces importa es dar testimonio del potencial humano único en su mejor momento, que es transformar una tragedia personal en triunfo, transformar la situación de uno en un logro humano.

Cuando ya no somos capaces de cambiar una situación, solo pensamos en una enfermedad incurable como la ESCLEROSIS MÚLTIPLE, donde estas nos desafían a cambiarnos a nosotros mismos.

Convertir una tragedia personal en una victoria

¿Cuál es el significado que le damos a lo que nos pasa?

La decisión más importante que comprendí y tomé en mi vida es ser feliz.

¿Cuántas vidas tienes para ser feliz?

Ser feliz es una decisión.

En la vida no puedes controlar lo que te sucede, pero puedes controlar cómo te sientes y cómo respondes.

Si quieres vivir limitle$$ tienes que tomar el control de tu MENTE. Toma el control de tu mente, hazlo ahora.

En lo que te enfocas, es lo que sientes. Acaba con el sufrimiento mental que sientes cuando ocurren acontecimientos fuera de tu control. Porque, "la vida es demasiado corta para sufrir".

¿Qué harías si supieses que te quedan solo unos meses de vida?

Cuántas conversaciones pendientes, cuántas heridas sin curar, tenemos el poder de elegir en qué enfocarte y cómo sentirte, es tu responsabilidad.

Pensar en la posibilidad de la muerte, es el despertar de la vida.

Lo realmente importante es estar en el presente, vivir el aquí y ahora, elevar tu nivel de conciencia y despertar. La teoría la sabemos todos y todas, también la comprendemos, pero lo más importante es SENTIRLO y HACERLO.

Pensar en aquello que nos va a pasar, nos hace sentir seguros, salir de nuestra zona de confort, no suele apetecer.

Los problemas del futuro tan solo existen en nuestra MENTE porque: ¿y si no llegamos a ese futuro que tanto nos preocupa asumiendo que tenemos tiempo?

Vivimos como si estuviéramos muriendo y en realidad lo estamos, vivimos como inmortales, decimos: cuando tenga tiempo, ya tendremos tiempo.

No nos han enseñado a disfrutar más de la vida que tenemos ahora, a disfrutar del momento presente. Valoramos lo que nos falta, lo que deseamos y no tenemos.

Hay momentos en que estamos comparando la maravillosa vida que todo el mundo tiene, nuestra mente es una máquina de comparar nuestra vida con la de los demás.

Yo he pasado por todas las fases, no tener vacaciones, no tener un día libre, solo trabajar y trabajar. Lo invisible hace posible lo visible. Las raíces no se ven, lo que hay debajo del iceberg no se ve. El primer esfuerzo es en ver lo que no se ve. En la punta del iceberg solo se ve una parte visible, detrás hay un montón de momentos de sufrimiento, de soledad, de no sentirme capaz.

No nos enseñan cómo afrontar las dudas y los momentos de querer abandonar. No importa en el momento en el que estés, porque hay que pagar un precio invisible que no se ve. Tienes que trabajar a oscuras para hacer posible tus sueños.

Hemos sido educastrados para la seguridad, porque nos han dicho que debemos pensar, que lo mejor en la vida es tener un trabajo estable, que debemos apostar por la estabilidad y no arriesgarnos, porque arriesgarse puede poner en peligro nuestra estabilidad.

Todos en algún momento de nuestra vida nos hemos enfadado con nosotros mismos, porque no sabíamos cómo sacar adelante ese sueño que tanto hemos anhelado, pero no sabíamos cómo llegar a él.

La vida, está hecha para que vayamos a por ellos, a por esos sueños que tenemos desde pequeños, pero por momentos estamos perdiendo la capacidad de soñar.

No importa quién has sido, sino quién quieres ser, en la persona en la que te vas a convertir.

Nacemos para tener éxito

Lo que más condiciona nuestro futuro, son los pensamientos que tenemos en el presente sobre el futuro. Esa visión del futuro se convierte en nuestras expectativas y creencias.

No puedes tener miedo a caerte porque no harías nada. Me he caído mil veces y siempre te puedes levantar, no se puede vivir con miedo a fracasar, y para triunfar hay que atreverse a fracasar.

No es necesario que toques fondos, pero sí es necesario llegar a un punto en donde tomes una decisión que te lleve a donde quieres ir.

Estamos viviendo en la sociedad miedo, enseñando a las personas a valorarse a sí misma en función de ciertos logros, de lo que tienen y de lo que hacen.

Entonces, si pierdes lo que tienes, ¿quién eres?

¿Si pierdes tu negocio o tu trabajo quién eres?

El logro no es suficiente.

Las personas trabajan duro para alcanzar un objetivo por el que creen que serán felices, y cuando lo consiguen se sienten vacíos. Nunca termina.

Por ejemplo, dices: "quiero una relación" y luego dices "no quiero una relación". Es necesario comprender qué es lo más importante en tu vida, porque para cada persona es diferente, tus maravillosos hijos, tu negocio de millones de euros. Para otra persona puede ser cantar, es diferente para todos. Todos somos igual de diferentes.

Ahora, el progreso equivale a felicidad. Cuando logras un objetivo te sientes bien, ¿por cuánto tiempo?, ¿y luego?

No me importa qué es lo que has logrado. La vida no se trata de alcanzar los objetivos, sino en quién te conviertes para alcanzar esos objetivos.

El mundo pertenece a los soñadores, hay que seguir soñando porque es lo que nos da la pasión, la energía y la ilusión para vivir limitle$$, porque si quieres conseguir algo que no has logrado hasta ahora, tienes que convertirte en la clase de persona que no has sido hasta ahora y que puedes llegar a ser.

Cuando nos hacemos conscientes de que nos queda un día menos, de que algún día vamos a morir, es cuando somos capaces de apreciar mucho más la vida y las cosas, valorar más los pequeños grandes momentos, y aprender a apreciar situaciones diarias que de otra forma han pasado inadvertidas.

Nos pasamos más tiempo pensando en **"cuando tenga esto, cuando logre aquello, cuando gane tanto, entonces voy a ser feliz"**, que nos olvidamos de que la vida es aquí y ahora, que es todas las mañanas y que debemos aprender a vivir el presente.

La cuenta atrás está en marcha, qué sentido tienen tus preocupaciones, por qué lo dejas para otro momento y no abres la puerta al presente en vez de esperar que las cosas sean de otra manera.

Tenemos que ser más agradecidos con lo que tenemos, agradecidos por vivir y aprender a valorar lo que tenemos sin que tengamos que perderlo para valorarlo.

Vamos a enfocarnos en el ahora y apreciar todo lo que hay a nuestro alrededor.

El aprecio por lo que tienes es la clave para conseguir más:

"Cuando estás agradecido, el miedo desaparece y aparece la abundancia".

Practicar la gratitud, o la atención plena, es algo más que compartir mensajes de inspiración a través de las redes sociales.

Si sientes miedo es porque tienes la oportunidad de superarte, los cambios cuestan, son incómodos.

¿Cuál es la historia que te estás contando?

Siempre se quiere lo que no se tiene y compramos cosas para llenar vacíos emocionales, comemos más para llenar vacíos emocionales. Y a veces no conseguir lo que quieres te ayuda a encontrar tu destino.

Un niño solo se queja si siente dolor, y los adultos nos lamentamos de todo, todo el tiempo,

Eres libre para empezar a vivir otra vez, es tu vida y no sabes cuánto tiempo te queda, así que empieza a vivir limitle$$.

¿Cuál es tu filosofía de vida?

¿Cómo quieres pasar tus días?

Todo el sufrimiento es mental.

> *"Ni tu peor enemigo puede hacerte tanto daño*
> *como tus propios pensamientos".*
>
> BUDA

El sufrimiento es otra cosa. Se trata de una experiencia mental que creamos por medio de nuestros pensamientos cuando no aceptamos lo que nos sucede.

Por ejemplo, frente al dolor que sentimos al darnos un golpe contra una mesa o cuando nos duele el estómago, el sufrimiento solo aparece en el caso de que adoptemos una actitud victimista, quejándonos o lamentándonos por lo que nos ha ocurrido.

Así, el sufrimiento no tiene nada que ver con lo que nos pasa, sino con la interpretación que hacemos de los hechos en sí.

Lo cierto, es que nada ni nadie tiene el poder de herirnos emocionalmente sin nuestro consentimiento. Es imposible. Solo nosotros por medio de nuestros pensamientos, podemos hacernos daño frente a personas conflictivas y situaciones adversas.

Al aceptar que somos la única causa de nuestro sufrimiento, podemos decidir dejar de autoperturbarnos, tomando las riendas de nuestro diálogo interno.

Si bien en un primer momento no podemos controlar ni cambiar nuestras circunstancias, siempre podemos aprender a modificar la forma en que nos afectan, cambiando nuestra manera de mirarlas y de interpretarlas.

Esta es la razón por la que Buda afirmó que "el dolor es inevitable, pero el sufrimiento es opcional".

Y entonces, ¿qué función cumple el sufrimiento en nuestra existencia? Por un lado, es completamente inútil.

Imaginemos que nuestra pareja decide finalizar nuestra relación sentimental. O que nuestra empresa rescinde de nuestro contrato laboral. Frente a este tipo de circunstancias solemos pensar de forma negativa y destructiva.

Principalmente porque son situaciones que atentan contra de nuestros deseos, necesidades, aspiraciones y expectativas. Sin embargo, por más que nos quejemos y protestemos, esta actitud victimista no sirve para nada.

No promueve ningún cambio constructivo. Por más que suframos, seguiremos sin pareja y sin empleo. De hecho, en ocasiones sufrimos para llamar la atención de los demás o de la vida, creyendo —al igual que cuando éramos niños— que así conseguiremos arreglar las cosas.

El DOLOR y el MIEDO son de los mejores maestros que existen. Cuando algo ocurre de una manera diferente a la que esperabas, esa es la señal que necesitabas para salir ahí afuera y crear la situación en la cual sea imposible no obtener lo que quieras.

El DOLOR es el aprendizaje y el MIEDO el camino.

Haz una lista con todo lo negativo que creas de ti mismo, con lo que dicen de ti.

¿Ya la tienes?

Ahora haz otra lista con lo que creas que se dice de ti. Pregunta a las personas cercanas y escúchalas.

Una vez tengas las listas, utiliza la segunda lista como adversidades positivas que te ayudarán a mejorar. Y la primera lista, la quemas, no es verdad.

> *"El sufrimiento es lo que rompe la cáscara que nos separa de la comprensión".*
>
> KHALIL GIBRAN

Sin embargo, el sufrimiento tiene una función muy importante. Al destruirnos por dentro, envenenando con *cianuro* nuestra mente y nuestro corazón, nos hace tomar consciencia de que nuestra manera de pensar y de comportarnos es ineficiente.

También es una invitación a cuidar nuestro diálogo interno. Es decir, los pensamientos con los que hablamos con nosotros mismos y etiquetamos constantemente la realidad.

Y dado que el bienestar es nuestra verdadera naturaleza, el sufrimiento nos motiva a salirnos de nuestra zona de comodidad, iniciando un viaje de aprendizaje para crecer y evolucionar como seres humanos.

De hecho, el salto a la "zona de incertidumbre" suele llegar como consecuencia de haber experimentado una saturación de malestar. Es decir, cuando nos es imposible aguantar más en el *lugar* físico y psicológico en el que nos encontramos. Así es como finalmente nos armamos de coraje para aventurarnos a lo nuevo y a lo desconocido.

De pronto nos sentimos con fuerza y motivación para asumir ciertos riesgos. Es entonces cuando empezamos a diseñar una estrategia orientada al cambio.

Al entrar en la zona de incertidumbre iniciamos un proceso de aprendizaje, crecimiento y evolución personal. No nos queda más remedio que conocernos mejor, descubriendo algunas verdades acerca de nosotros mismos.

Por medio de este proceso, finalmente accedemos a la "zona de bienestar", en la que nos sentimos en paz con nosotros mismos, percibiendo que nuestra vida es perfecta tal y como es. Aunque pudiéramos no modificaríamos a grandes rasgos nada de lo que forma parte de nuestra existencia.

Por más que muchas veces tomemos decisiones relacionadas con cambios y modificaciones externas, la zona de bienestar no tiene tanto que ver con nuestras circunstancias, sino con nuestra manera de verlas e interpretarlas. Y es precisamente este cambio de percepción y de actitud el que nos permite descubrir quiénes somos y qué dirección queremos darle a nuestra vida.

Y dado que todo está en permanente evolución, con los años nuestra zona de bienestar puede transformarse, convirtiéndose en una nueva zona de comodidad. De ahí la necesidad de abrazar la filosofía del cambio y del aprendizaje permanente.

Las últimas palabras de Steve Jobs -creador de Apple-, dijo:

«He llegado a la cima del éxito en los negocios.

A los ojos de los demás, mi vida ha sido el símbolo del éxito. Sin embargo, aparte del trabajo, tengo poca alegría. Finalmente, mi riqueza no es más que un hecho al que estoy acostumbrado. En este momento, acostado en la cama del hospital y recordando toda mi vida, me doy cuenta de que todos los elogios y las riquezas de las que yo estaba tan orgulloso, se han convertido en algo insignificante ante la muerte inminente.

En la oscuridad, cuando miro las luces verdes del equipamiento para la respiración artificial y siento el zumbido de sus sonidos mecánicos, puedo sentir el aliento de la proximidad de la muerte que se me avecina.

Solo ahora entiendo, una vez que uno acumula suficiente dinero para el resto de su vida, que tenemos que perseguir otros objetivos que no están relacionados con la riqueza.

Debe ser algo más importante:

Por ejemplo, las historias de amor, el arte, los sueños de mi infancia. No dejar de perseguir la riqueza, solo puede convertir a una persona en un ser retorcido, igual que yo.

Dios nos ha formado de una manera que podemos sentir el amor en el corazón de cada uno de nosotros, y no ilusiones construidas por la fama ni el dinero que gané en mi vida, que no puedo llevarlos conmigo.

Solo puedo llevar conmigo los recuerdos que fueron fortalecidos por el amor.

> ***"El amor es alegría. No te convenzas de que
> el sufrimiento es parte de él".***
>
> PAULO COELHO

Esta es la verdadera riqueza que te seguirá; te acompañará, le dará la fuerza y la luz para seguir adelante.

El amor puede viajar miles de millas y así la vida no tiene límites. Muévete adonde quieras ir. Esfuérzate para llegar hasta las metas que deseas alcanzar. Todo está en tu corazón y en tus manos.

¿Cuál es la cama más cara del mundo?

La cama del hospital.

Usted, si tiene dinero, puede contratar a alguien para conducir su coche; pero no puede contratar a alguien para que lleve su enfermedad en lugar de cargarla usted mismo.

Las cosas materiales perdidas se pueden encontrar. Pero hay una cosa que nunca se puede encontrar cuando se pierde: la vida.

Sea cual fuere la etapa de la vida en la que estamos en este momento, al final vamos a tener que enfrentar el día cuando la cortina caerá.

Haga tesoro en el amor para su familia, en el amor por su esposo o esposa, en el amor por sus amigos...

Trátense bien y ocúpense del prójimo.

Es tan fácil vencer por los errores que has cometido. Muchos de nosotros vivimos en el pasado en lugar de vivir el presente y construir un futuro maravilloso. Algunas personas se quedan atrapadas durante años por algo en lo que fracasaron; pero una vida es una cosa terrible para desperdiciar.

¿Fracasar?

Nadie trata de equivocarse. Cada uno de nosotros se levanta por la mañana, sale al mundo y hace lo mejor que podemos hacer en base a lo que sabemos y las habilidades que tenemos. Pero aún más importante, cada llamado "fracaso" o "error", es realmente un gran aprendizaje.

Una oportunidad para crear más conciencia y comprensión y obtener una experiencia valiosa. Experiencia que nos ayudará a hacer, sentir y ser aún mejor. Así que, tal vez, no hay errores.

Tal vez lo que podríamos llamar fracasos son experiencias y aprendizajes de la vida.

Hay que disfrutar de las pequeñas cosas hoy porque no sabemos si mañana vamos a poder hacerlo, esta lección de humildad parece un tópico, pero es verdad.

A mí lo que me ha enseñado la enfermedad es a ser mejor persona.

Además, tiene un impacto en las personas y sus familias a nivel social y laboral, cada vez más, y donde a día de hoy todavía no existe cura, el hecho de enfrentarse a una enfermedad incurable, es algo que te cambia la vida y no pensar demasiado o lamentarse de cosas que no puedas hacer.

No sé si habrá una persona igual en el mundo, creo que no, las sensaciones y secuelas son muy diferentes. De lo que sí estoy convencido, es de lo que sentimos cuando afrontamos la enfermedad, las fases por las que pasamos y los problemas con los que nos encontramos, los sentimientos se parecen, aunque nuestros síntomas y circunstancias no.

Todos tenemos algo en común porque estamos acostumbrados a vivir y a no saber qué nos va pasar mañana.

Me ha enseñado a ser mejor cada día, a dar lo mejor por quienes merecen la alegría, y sobre todo a vivir limitle$$.

Ámate, no pierdas más el tiempo, hazlo. Ámate con todos los momentos que has vivido, con tus miedos, porque ellos te harán más fuerte y sin darte cuenta estarás aprendiendo de ellos.

Mírate, y ámate hoy. Ámate todos los días. Ámate mucho y hazlo bien. A fin de cuentas, el amor de tu vida eres tú. Ámate con todo. Ámate a pesar de todo.

¡Ámate o quiérete como quieres llamarlo, pero hazlo ya!

Las historias del YO

Todo el sentido del ¿quién soy Yo?, está vinculado a los pensamientos, vivimos con un sentido de quién soy y depende de lo que me digan los pensamientos de quién soy del pasado. Cada uno tenemos una voz en la cabeza que habla, nuestro diálogo interior, los pensamientos.

Una voz quizás te dice que tú no vales para nada, y otra voz te dice que nunca haces lo que tienes que hacer y mucha gente pasa su vida sin identidad.

TU identidad depende de tus pensamientos, son un reflejo del pasado, de una falsa identidad, y un falso sentido del yo condicionado por el pasado.

Nuestra identidad, depende de nuestra propia historia personal, porque cada persona toma su identidad de su historia personal. Lo que yo he sufrido, lo que otros me han hecho, lo que yo he hecho, las cosas que he conseguido y las que no, mis relaciones.

Ese yo falso mental, lo podemos llamar el EGO que vive en un estado casi permanente de insatisfacción, donde siempre y casi siempre nos falta algo en nuestra vida.

A veces pensamos que sabemos qué es lo que falta y en otros momentos solamente tenemos unos sentimientos de que algo no está bien, esto es el sentido normal de vivir, pensando que somos incompletos y que todavía falta algo, porque nuestra historia todavía no ha llegado a su final feliz.

Nuestro YO nunca está contento por mucho tiempo y busca dónde conseguir lo que nos falta para ser completamente YO.

Siempre llega la otra parte del falso YO que siempre mira al futuro para completarse o llenarse, y es un patrón mental (condicionamiento) muy profundo.

La incapacidad de vivir plenamente en el único asiento en el que existe la vida que es en el momento presente, buscando la vida en el momento próximo.

Vivimos inconscientemente de ese modo, esperando que cambie algo en el futuro. Cuando haga esto, aquello o encuentre una persona que me va a llenar, entonces seré feliz.

Si cambiara mi situación, entonces YO podría ser feliz.

Cuando me toque la lotería, entonces haré para ser feliz.

Así una y otra vez, una y otra vez, una y otra vez.

La infelicidad se puede hacer más grande si tenemos los mismos patrones, da igual en un pequeño piso o en una gran casa. Esto no depende del contenido, sino de la estructura de la mente, esa búsqueda en el futuro para completarnos. NO digo que no podamos hacer cosas para el futuro, porque casi todo lo que hacemos requiere tiempo para hacerlo en este mundo.

Lo único para que el futuro nos lleve, es para encontrarnos y completarnos a nosotros mismos y encontrar una vida abundante, una vida llena.

El EGO persigue los objetos materiales para llenar nuestra vida. Y no se trata de añadir cosas materiales, mentales y emocionales. El EGO dice: "no soy suficiente todavía, necesitas más".

La abundancia es realmente agradecer lo que tienes y estar feliz con lo que tienes. Platón dice: "La pobreza no viene por la disminución de las riquezas, sino por la multiplicación de los deseos".

Hay que agradecer lo que tienes en ese momento, y si lo material no es lo que te da la felicidad, al perderlo tampoco te la debe quitar.

Buda ha sido sin duda uno de los mejores psicólogos de la historia. Hace más de 2.500 años ya enseñaba a la gente acerca de la mente humana, cómo podían entenderse mejor a sí mismos y descubrir que había una forma de superar el sufrimiento.

Buda no era un dios o un mesías, era simplemente un maestro muy sabio con una amplia visión de la naturaleza humana.

Aprendió mucho con la **meditación** y de sus propias experiencias, así como mediante la observación del comportamiento de los demás.

Mind monkey o ***Monkey mind***, del chino *xinyuan*, es un término budista que significa "sin resolver, inquieto, caprichoso, inconstante, confuso, indeciso, incontrolable".

Todos tenemos una *monkey mind* según Buda, con un montón de monos reclamando nuestra atención.

El miedo es uno de los monos que más gritan, señalando todas las cosas con las que debemos tener cuidado y avisándonos de todo lo que puede salir mal.

Nuestra vida está controlada por una voz interior que no para de recordar los acontecimientos del pasado y adelantar lo que va a suceder en el futuro, generalmente se centra en los puntos negativos, sin parar de juzgar y etiquetar cada pensamiento, cada acontecimiento.

Es inútil luchar contra ellos o tratar de eliminarlos, nuestra mente está ahí y no para (lo de dejar la mente en blanco es una chorrada, lo tengo comprobado, no puedes dejar de pensar, pero sí controlar en qué piensas).

En su lugar, Buda recomendaba a sus alumnos dedicar un rato cada día a la meditación, a calmar la mente.

El hombre es parte de la naturaleza; su salud no depende más que de sentirse cómodo con la naturaleza.

Pero el hombre no es una máquina, el hombre es una entidad orgánica, y no necesita que se trate solamente la parte enferma. La parte enferma es solo un síntoma de que el organismo entero está pasando por dificultades. Solo se muestra la parte enferma porque es la más débil.

Tratas la parte enferma, la cura; pero entonces surge la enfermedad en algún otro lugar. Has evitado que la enfermedad se manifieste a través de la parte mala; la has hecho más fuerte. Pero no has comprendido que el hombre es un conjunto: o está enfermo o está sano, no hay punto intermedio.

Es algo primordial que hay que comprender: el cuerpo siempre está dispuesto a escucharte; pero nunca has hablado con él, nunca te has comunicado con él.

Has estado dentro de él, lo has usado; pero nunca se lo has agradecido. Él te sirve, y lo hace de la manera más inteligente posible.

La naturaleza sabe que es más inteligente que tú, y por eso las cosas importantes del cuerpo no se han dejado a tu cuidado, se le han encomendado a él mismo.

Por ejemplo, el respirar, el latido del corazón, la circulación de la sangre o la digestión de la comida no se ha dejado a tu cuidado, de lo contrario, hubieras tenido problemas mucho antes.

Unos cuantos elementos hacen falta en el cerebro, y se necesita que sean enviados desde el flujo sanguíneo hasta el cerebro. Otros se necesitan en otras partes: en los oídos, en los huesos o en la piel, y el cuerpo lo maneja a la perfección durante setenta, ochenta, noventa años, y tú no te percatas de su sabiduría.

El cuerpo humano es una gran farmacia y ha evolucionado a través de miles de años de evolución. Donde quiera que el pensamiento vaya, va una molécula, así que, si estás experimentando tranquilidad, tu cuerpo está produciendo algo bueno.

Si tu cuerpo está experimentando dicha, tu cuerpo produce sistema inmunológico, que son drogas potentes y anticancerígenas. Por ejemplo, si estás ansioso, tu cuerpo genera cortisona que destruye el sistema inmunológico y el sistema cardiovascular también se ve afectado, por lo tanto, lo que sucede en nuestra conciencia, afecta nuestro cuerpo, y el ambiente externo nada tiene que ver con esto.

El ambiente exterior es una proyección que nosotros hacemos, por lo tanto, el ambiente nunca es estresante, nosotros proyectamos nuestro estrés en un ambiente. Si vamos hacia adentro, al campo del espíritu, que es completamente silencioso y experimentamos una mente completamente silenciosa, despertamos la inteligencia del cuerpo de manera totalmente espontánea.

¿QUIÉN SOY?

Y, ¿qué es lo que quiero?

Estamos rodeados de riquezas infinitas. Si abres los ojos de tu mente podrás descubrir el templo de los tesoros infinitos que hay dentro de ti.

Muchísimas personas se encuentran dormidas porque ignoran la existencia de los tesoros infinitos: inteligencia y amor, que se hallan dentro de nosotros mismos.

Confía en ti, has nacido para tener éxito en la vida.

Llena tu VIDA con más poder, más salud, más riqueza, más felicidad, aprendiendo a buscar y a utilizar el poder oculto de tu mente subconsciente.

La mente subconsciente trabaja de acuerdo con la ley de la fe. La fe de la mente es la ley del pensamiento. EMPIEZA ahora a llevar pensamientos de paz, felicidad, acciones buenas y prosperidad y con todo interés acepta estas cualidades en tu mente consciente, es decir, en la mente que razona.

Cuando dices: "no puedo", tu mente subconsciente acepta tu palabra, por no estar en condiciones de hacerlo, no estás seguro de hacerlo. Tu mente subconsciente sigue tus órdenes, permitiéndote hacer tu VIDA, aunque te falten cosas.

Tu mente subconsciente trabaja 24 horas al día haciendo provisiones fruto de tus pensamientos.

EMPIEZA a decir: "puedo hacer todas las cosas a través del poder de mi mente subconsciente".

Ideas Importantes:

*Mira hacia el interior y hallarás una respuesta a los deseos de tu corazón.

* Tu mente subconsciente tiene las respuestas para todos los problemas. Si sugieres a tu subconsciente antes de irte a dormir: "yo quiero despertarme a las 5 de la mañana", te despertarás a esa hora exactamente.

* La mente subconsciente es el director de tu cuerpo. Mantén ideas de salud perfecta y transmítelo a tu subconsciente antes de acostarte.

* Cambia tus pensamientos, y cambiarás tu destino.

* No olvides que tienes la capacidad para elegir, elige la VIDA, elige el AMOR, elige la SALUD.

Yo todas las noches digo: "Mi cuerpo y todos mis órganos fueron creados por la infinita inteligencia de mi mente subconsciente. Yo sé cómo curarme. Estoy agradecido por la curación que está realizándose dentro de mí en cada átomo de mi ser. Estoy vivo, gracias MENTE INFINITA".

> *"Lo que usted desee, cuando ora creyendo que lo recibe, usted lo recibirá 2".*
>
> **MARCOS 11:24**

Solo hay un proceso de curación y es la fe. Solo hay un poder curativo: tu mente subconsciente.

Repítalo lenta, tranquila y pausadamente durante cinco o diez minutos, noche y día. Cada vez que lo haga, su estado emocional se hará más fuerte. Cuando el deseo impulse la repetición del hábito, formule la petición grabada en su mente subconsciente, hágalo en voz alta y autoritaria a sí mismo. Este medio permite al subconsciente aceptar el mandato y le llevará a la curación.

Recuerde que un corazón agradecido está siempre cerca de las riquezas del universo.

Es necesario presentarle una idea clara, con la convicción de que existe una solución a su problema o enfermedad. Solo la inteligencia infinita contenida en su subconsciente conoce la respuesta. Cuando estés convencido, es decir, cuando hayáis llegado a la conclusión bien definida en vuestra mente consciente, recibirás de acuerdo a lo que pidas.

Si tienes dificultades financieras, quiere decir que no has sabido convencer al subconsciente de que tendrás dinero siempre y algo de sobra.

Indudablemente hemos conocido seres que trabajan pocas horas al día y ganan fabulosas sumas de dinero; ni se esclavizan ni se esfuerzan demasiado.

No creas que la única forma de obtener riqueza y éxito es con el sudor de su frente o con mucho trabajar. No siempre es así; el mejor sistema es aquel que consiste en trabajar sin esforzarse; es decir, el trabajo que no implica esfuerzo excesivo y perjudicial.

Haga las cosas que usted gusta hacer y hágalas por el placer y alegría que le proporcionan.

No serás rico diciendo: "soy millonario, soy millonario". Debes formar una imagen mental consciente de prosperidad, formando en tu imaginación la idea clara de abundancia y progreso.

Al leer el párrafo anterior, probablemente has pensado "necesito riqueza y éxito". He aquí lo que debes hacer. Repítete a ti mismo, tres o cuatro veces al día y durante unos cinco minutos: "riqueza, éxito"; estas palabras tienen un asombroso poder, representan el poderoso impulso interno de la mente subconsciente.

Enfoca tu mente sobre este poder sustancial localizado dentro de usted, para que las condiciones y circunstancias correspondientes a su cualidad y naturaleza se manifiesten en vuestra vida.

Cada mañana al despertarse depositan en el subconsciente pensamientos de: prosperidad, éxito, riqueza y paz.

Mantén tu mente ocupada en ellas, tanto como te sea posible.

Los pensamientos de resquemor o envidia son devastadores, por cuanto se arraigan en su mente colocándola en una posición tan negativa que la riqueza se aleja de usted en vez de venir hacia usted.

Cuando te trastorne o perturbe la riqueza de otra persona, afirma inmediatamente:

"Mi sincero deseo es de que esta persona tenga mucha más prosperidad y riqueza".

Esto neutralizará los pensamientos negativos arraigados en tu mente y hará que un mayor flujo de riqueza se dirija hacia ti, causa producida por la ley de tu propio subconsciente.

Repite la palabra "riqueza", para ti mismo, durante unos dos minutos antes de dormir, y tu mente subconsciente te traerá la riqueza como experiencia para vivir limitle$$.

El convencimiento de riqueza produce riqueza. Mantenlo en tu mente en todo momento.

Estamos aquí para tener una vida abundante, radiante y libre. Por lo tanto, puedes tener todo el dinero necesario para llevar una vida próspera, feliz y dichosa.

Estamos aquí para crecer, expandirnos y desplegarnos material, mental y espiritualmente.

Tenemos el derecho inalienable de desarrollarnos y expresarnos completamente, en todas las formas.

El dinero es un símbolo de intercambio. Representa no solamente la libertad que deseas, sino también belleza, lujo, abundancia y refinada educación.

Cuando la sangre circula en tu organismo libremente, estás sano. Cuando el dinero circula libremente durante tu vida, estás económicamente sano. Cuando la gente empieza a amontonar dinero, guardándolo por temor a perderlo, hay enfermedad económica.

La mente subconsciente os devolverá con interés compuesto, todo lo que solicitéis.

Todos anhelamos vivir la vida de una determinada manera; pero muchísimas veces nuestra realidad dista mucho de esa vida que deseamos y nos sentimos frustrados, desilusionados, etc.

Deseamos avanzar hacia esa vida que anhelamos; pero una y otra vez volvemos a obtener los mismos resultados en nuestra vida.

Todo empieza en ti; pero lo dejamos todo para después, como si el "después" fuese lo mejor y no entendemos que después el café se enfría y la prioridad cambia.

Por eso; ten en cuenta las siguientes tres recomendaciones:

1. Aprovecha todas las oportunidades de crecimiento (incierto) que te da la vida, porque pase lo que pase algo aprenderás y siempre crecerás.

2. Ante la incertidumbre actúa en vez de paralizarte a "pensar".

3. Defínete por tus acciones, no por tus opiniones.

No hay crecimiento en el pensamiento. Solo en la acción.

No discutas sobre tus opiniones, no intentes hacer cambiar de parecer a los demás.

Tan solo les interesa descubrirse a sí mismos para saber quiénes son de verdad, qué está bien, qué no está bien y dónde pueden mejorar.

Sé fuerte, mantén el hambre y haz que hoy sea un día EXTRAordinario.

Las tres cosas más valiosas que aprendí de Tony Robbins son:

1. Todo el mundo tiene la posibilidad de transformar su vida; pero no todo el mundo está dispuesto a hacerlo. La verdad es que culpamos y procrastinamos de manera compulsiva como si tener la razón tuviese algo que ver con tener resultados.

2. Ante el crecimiento reaccionamos mucho y pensamos poco. A la hora de decidir algo incierto que nos puede hacer crecer, reaccionamos con miedo y duda, luego justificamos con procrastinación, mañana, el lunes, la semana que viene, el mes que viene, después de…

3. El que lo tiene claro hace sin mas, el que no, da explicaciones.

LA SOCIEDAD. ¿NOS EMPUJA LA SOCIEDAD A SER MEJOR PERSONA?

La sociedad siempre nos incita a ir a por más. Parece que siempre nos falta algo, algún lugar o situación a la que hay que llegar, algo más que conseguir, algo más que comprar, algo más que demostrar. ¿Somos conscientes?

Empieza, porque estamos en una sociedad que nos da múltiples ideas sobre dónde gastar nuestro dinero, que da la importancia a lo banal y nos convence de que somos "imperfectos".

La sociedad siempre nos incita a ir a por más. Parece que ese es el mantra que sobrevuela sobre nuestras vidas y que llega de todas partes sin darnos cuenta.

Da la sensación de que siempre falta algo: algo más que demostrar, algo más que comprar, algo que añadir a la lista, algún lugar o situación a la que hay que llegar, algo más que conseguir.

La cuestión que deberíamos plantearnos es si ese mantra es el que predomina en nuestra vida, aunque sea inconscientemente, leve o ligeramente sugerente.

¿Siempre te falta algo?

Si es así, entonces, ¿cuándo vas a descansar?

Y no me refiero a un descanso físico, sino mental y espiritual; ¿cuándo llegará la merecida quietud interior y el deseado sosiego emocional?

CÓMO SER MEJOR PERSONA: ACEPTAR SIN RESIGNARSE

Sin embargo, hay otro tipo de "más" al que no deberíamos renunciar: el ser mejor persona. Seguir aprendiendo, seguir mejorando nuestra calidad emocional, que es lo que en realidad determina nuestra calidad de vida.

Pero resulta que ahí es donde muchas personas se frenan, se conforman o se resignan con lo que hay o con la mítica frase de es que yo soy así, qué le vamos a hacer. Es en ese aspecto donde jamás deberíamos resignarnos ni conformarnos. Es en nuestro desarrollo, evolución y mejora personal donde sí tenemos que decir más, quiero "ser más, ser mejor persona".

Porque una cosa es la aceptación, algo absolutamente necesario y fundamental en la vida. Todos debemos aceptarnos a pesar de las imperfecciones, los defectos, los errores, las inseguridades, los miedos, y otros muchos aspectos que podemos mejorar. Desde ese punto nos quitamos una inservible y pesada mochila llena de lastres emocionales y, desde ahí, sí podemos comenzar a mejorar.

Otra cosa muy distinta es resignarse, abandonar, decir qué le vamos a hacer, es que yo soy así, es que yo. Esa vieja historia que todos nos contamos.

Si llegas a ese punto, es entonces cuando tienes que decir "más", quiero algo más de la vida, algo mejor de mí mismo. Es ahí donde sí tenemos que elevar nuestros deseos y nuestras expectativas, pero ante nosotros mismos, no ante nadie más.

Tenemos que SER y DAR lo mejor de nosotros, en todo aquello que hagamos.

Quiérete, no pierdas más el tiempo. Quiérete con tus ojeras de tanto soñar despierta, con tus arrugas que delatan todos los momentos que has vivido y has sabido cómo hacerlo, y con esas tan bonitas que tienes de tanto reír. Quiérete con tus miedos, y tus fantasmas. Deja que esos malditos cabrones te hagan más fuerte. Quiérete con tus errores. Quizá no lo sepas; pero sin darte cuenta estás aprendiendo de ellos. Quiérete con tus lágrimas, sobre todo con esas que llegan después de una decepción. Quiérete con tu corazón suicida. Siéntete orgullosa de sentir, de amar, de estar viva. Quiérete con tus inseguridades, tus complejos, tus defectos. Hazte un favor: no los escondas, ni te avergüences jamás de tenerlos. Simplemente ámalos. Son ellos los que te hacen tan jodidamente especial. Mírate, y quiérete hoy. Quiérete todos los días. Quiérete mucho y hazlo bien. A fin de cuentas, el amor de tu vida eres tú. Quiérete con todo. Quiérete a pesar de todo.

EN QUIÉN TE CONVIERTES

En el deporte y otros ámbitos de la vida, ganar es menos importante que la capacidad de aprender.

Los problemas están precisamente para que nos convirtamos en alguien distinto. Cuando algo nos parece demasiado difícil, es porque nos falta la capacidad para resolverlo.

No deberíamos pedir que sean más fáciles, sino exigirnos desarrollar la capacidad que nos falta para resolverlos. Cada problema con el que nos enfrentamos contiene la semilla de nuestro crecimiento y depende de nosotros cultivarla.

Has venido para creSER.

Gracias por tu deseo de despertar al LÍDER que hay en ti y tu compromiso de dar lo mejor de ti. Mi deseo es que algún día todas las cosas buenas que he experimentado te lleguen a ti también.

Ahora estás preparado para dar lo mejor de ti mismo en todo lo que hagas y ante cualquier adversidad.

No olvides lo que significa vivir limitle$$. Cuento contigo para que le recuerdes a los demás que todos nacimos siendo LÍDERES.

Me siento afortunado de que estés leyendo este libro y formes parte de mi VIDA. Gracias por darme esa oportunidad.

Atrévete a seguir soñando y a vivir *limitle$$*.

Sé tú el cambio

La mayoría de las personas dejan las cosas a medias, empiezan y no acaban…

¿En qué momento renunciaste a tus sueños?

Estamos programados y cuando nos falta la información correcta, tenemos miedo. El pago de la hipoteca o mantener una relación de pareja por tus hijos son creencias. Todo son creencias.

Elimina las creencias que matan porque te estás negando lo que eres de verdad. La gente quiere lo que no tiene. No digas, haz.

La MENTE te dice tienes tiempo, ya lo haré.

¿Cuánto vale tu vida?

Si renuncias a hacerlo, ponte fecha límite, sentido de urgencia... solo tienes una oportunidad... es cuestión de vida o muerte... el miedo es ridículo porque nadie te negará la ayuda, ¡pide ayuda!

Define muy bien lo que quieres en cada área de tu vida. Tienes que tenerlo escrito, no vale decir ya sé lo que quiero MENTALMENTE, error.

¿Qué nos impide avanzar?

¿Y actuar?

¿Y dar lo mejor de nosotros mismos?

La respuesta es el MIEDO.

El secreto es aprender a usar el miedo en vez de dejar que el miedo nos use a nosotros.

¡Que te de miedo no hacerlo!

No se trata de cambiarte, sino en que te conviertas en ti mismo, en tu mejor versión.

Cuanto más sepas quién eres, qué amas, qué odias, qué te motiva, más fácil te resultará conseguir lo que deseas.

CUENTO LA SAL DE TU VIDA

Un anciano maestro estaba cansado de escuchar las constantes quejas de su discípulo, así que debía enseñarle algo. Una mañana le pidió que le trajera sal y cuando regresó, el maestro le dijo que echara un puñado en un vaso de agua y que, a continuación, se la bebiera.

¿Cómo sabe ahora el agua? Preguntó el sabio anciano. Muy salada, respondió el discípulo con cara de asco. Aguantándose la risa el maestro le indicó que repitiera la acción; pero en lugar de tirar la sal en un vaso lo hiciera en un lago. Caminaron sin prisas hacia un gran lago situado a las afueras de su aldea y cuando el maestro le pidió que bebiese.

¿A qué te sabe ahora? Le preguntó. A lo que el discípulo le respondió: "Esta agua está fresquísima. No sabe nada a sal, es un placer para el paladar". Entonces, el maestro cogiéndole las manos a su discípulo, le dijo: "El dolor de la vida es pura sal. Siempre hay la misma cantidad, sin embargo, su sabor depende del recipiente que contiene la pena. Por eso, cuando te aflijan las adversidades de la vida, agranda el sentido de las cosas".

Deja de ser un vaso y conviértete en un lago.

Antes de continuar leyendo, pregúntate: ¿a qué te comprometes a hacer no solo para ti, sino para las personas que más amas? ¿Por qué quieres vivir una vida EXTRAordinaria? ¿Quieres vivir limitle$$?

A veces se nos pasa la vida esperando a vivir, esperamos a que llegue otro momento, otro lugar o situación mejor, pero la vida nos pone circunstancias inesperadas para ESPABILAR.

ESPABILA, porque estamos obsesionados con la seguridad y el futuro nos genera inseguridad en el presente para disfrutar de la vida y cada momento… ¿Por qué estamos tan ocupados para vivir y ser felices?

La vida pasa, se escapa, segundo a segundo.

En el 2013 mi vida cambió por completo, mi mayor tragedia, se convirtió en mi GRAN oportunidad de compartir, y ser una influencia positiva en la vida de los demás, porque tenemos el poder de elegir cómo respondemos ante las circunstancias para transformar NUESTRAS VIDAS, porque la vida está llena de oportunidades.

Me di cuenta de q**ue el secreto de la vida era trabajar más duro para mí que mi trabajo** o cualquier otra cosa (TRABAJAR CADA DÍA MÁS DURO PARA MÍ), porque entonces tendría algo que ofrecer a la gente, mi mejor versión.

Me di cuenta de la importancia de vivir una vida EXTRAordinaria, y aprendí la importancia de perdonar, de dar un paso al frente, de liderar mi vida, de hacer lo que fuese y lo que sea necesario y hacerme 101 % responsable de mi vida PASE LO QUE PASE, repito: PASE LO QUE PASE.

Decidí entrenarme para SER y ofrecer mi mejor versión para mi familia, para mi propósito, para mí, para mi mundo. No sabía ni sé qué es lo que va a pasar mañana, no se pueden controlar muchas cosas de las que pasan.

Piense positivo o no, puedo tomar la decisión cada día de APRECIAR y AMAR a lo que la VIDA me ponga, PORQUE LA VIDA ES LIMITADA, y cada día es un día menos.

Podría estar quejándome todo el día, pero en lugar de eso decido **SER FELIZ, porque SER FELIZ ES UNA DECISIÓN.**

Si quieres cambiar un área de tu vida y crear una vida EXTRAordinaria puedes hacer tres cosas super importantes:

Lo primero: ENFOCARTE en lo que quieres

Si vas conduciendo en la carretera y miras a otro lado, ¿qué pasa?, ¿a dónde va el coche? Te sales de la carretera, y cuanto más mires a otro lado, aunque intentes seguir en la carretera, te saldrás porque ahí es donde va tu atención y donde va tu atención va tu energía.

Enfócate en lo que quieres, no en lo que no quieres, por favor.

¿Dónde estás hoy, sin mentirte?

¿Dónde estás?

¿Y dónde quieres estar?

No se trata solo de enfocarte, sino de enfocarte con tanto entusiasmo hacia donde quieres ir, porque te empujarás y te levantarás para vivir limitle$$.

Todo tu cuerpo, tus emociones, tu tiempo, tu vida es cuestión de ENFOQUE ENTUSIASTA.

Si haces esto, y te enfocas con entusiasmo, la calidad de tu vida será EXTRAordinaria, garantizado porque estarás entusiasmado, entusiasmado hacia donde estés yendo y todo tu cuerpo tendrá la energía para impulsarte hacia tus sueños, porque necesitas empujarte cada día cuando suena el despertador, empujarte con ILUSIÓN, con ganas de VIVIR LIMITLE$$.

Si lo haces empezarás a tener claridad, a tener más energía, más motivación y empezarás a hacer algo, darás un primer paso, a levantarte antes todas las mañanas con entusiasmo, con ilusión, con ganas de vivir una vida extraordinaria, una vida limitle$$.

Lo segundo: ESCRIBE lo que quieres

Una mesa con dos patas se cae, ¿verdad?, con una pata ni siquiera se sostiene. Para asegurarnos de lo que hacemos debemos obtener lo mejor, y cuando digo lo mejor es lo mejor. El mejor libro, el mejor mentor, el mejor mapa.

Te enfocas en algo con entusiasmo; pero no importa cuánto creas, cuánto entusiasmo tengas, si tienes las herramientas equivocadas, el mapa equivocado, por qué no llegarás al destino.

En la vida es importante conseguir un mapa y un mentor, porque el mapa a veces cambia y un buen mentor conoce los atajos. Que sea el mejor siempre.

Como te decía, tu enfoque es tu objetivo, ¿cuál es tu primer objetivo? ¿Lo tienes escrito?

¿Cuál es tu objetivo?

Escríbelo ahora, escribe tres objetivos en tus tres áreas maestras: SALUD, DINERO y AMOR.

Todo lo que yo comparto lo he obtenido al apoyarme en los hombros de otros gigantes, los mejores, fui a buscar a los mentores que ya han logrado lo que yo quiero, porque no se trata de reinventar la rueda... El éxito deja pistas.

Encuentra al mejor, averigua qué está haciendo, y hazlo. Cámbialo; pero empieza con algo que ya funciona en vez de empezar de cero.

Lo tercero: Escúchate para solucionar tus conflictos internos

Si te estás enfocando en tus objetivos, tienes las herramientas; pero no estás obteniendo lo que quieres, es porque tienes conflictos internos.

Resuelve los conflictos. El 90-95 % del éxito se compone de psicología, es decir, de MENTALIDAD, y el 5-10 % es la HABILIDAD.

Los conflictos internos hacen que avances dos pasos hacia delante y luego tres pasos hacia atrás... cuando dices "estoy muy comprometido con esto", pero luego no lo terminas. Empiezas y no lo terminas, en esto he sido todo un experto.

Ahora, si tienes claro tu objetivo y tienes las herramientas; pero no consigues lo que quieres, tienes un conflicto. En mi caso tenía miedo de que no fuera a ser amado, de que me rechazaran, miedo a no ser suficiente.

Porque sabemos que tenemos el DON, el talento, tenemos todo lo necesario, tenemos las herramientas para hacerlo; pero hay una parte nuestra que piensa que no somos merecedores de ser exitosos, exitosas, de vivir una vida EXTRAordinaria.

Quizás es por algo que hiciste en algún momento de tu vida, o algo que te inventaste, nos contamos tantas historias, tantas películas... o pensamos que el dinero no es importante.

Sea lo que sea, son conflictos internos que tienes que solucionar.

Imagínate que es como una caja fuerte que tienes que abrir, imagínate que está abierta. Y está abierta para identificar y liberar los conflictos.

Puedes tener claros tus objetivos, tener las herramientas, pero **¿qué es lo más importante para ti hoy?** No lo que creas que deberías hacer basado en tus creencias pasadas, tus padres o la sociedad, o tus amigos, porque si no tendrás éxito, pero no tendrás PLENITUD.

El primer paso aquí es identificar los conflictos que tienes y alinear tu vida con lo que realmente valoras.

Algunas sugerencias para eliminar los conflictos internos son:

Darte cuenta que toda decisión implica dejar algo de lado. Si estás comprometido con un objetivo, te recomiendo comprometerte a dejar de lado lo que sea necesario para lograrlo. Para esto ayuda pensar que aquello que dejes de lado en general es de orden menor que aquello que busques alcanzar.

Hacer una lista de ventajas y desventajas para lograr el objetivo. En general, ayuda tener claro y por escrito las razones por las cuales queremos lograr un objetivo. Si tenemos claro que hay más ventajas que desventajas va a ser más fácil convencernos de lograrlo.

Asociar dolor con el estado actual. Es posible que para lograr un objetivo sea necesario dejar algo de lado; pero también estamos dejando mucho de lado si no hacemos algo por alcanzar esa meta. Debemos ser conscientes que el no tomar una decisión también tiene un PRECIO. Si buscamos un cambio es probable que sea porque **no estamos satisfechos** con cómo estamos hoy. Reconocer y sentir este dolor también nos ayuda a convencernos de cambiar.

Alinea tu vida con lo que sea lo más importante para ti, y cuando tengas estas tres cosas, adivina qué es lo que tienes que hacer.

Ni siquiera tienes que esforzarte, no habrá nada que te saque del camino, vas a por ello y lo haces SÍ o SÍ, es cuestión de vida o muerte.

Si por ejemplo dices: quiero una relación, y al mismo tiempo dices, quiero hacer lo que yo quiera todo el tiempo, no quiero comprometerme a nada, obviamente no lo vas a conseguir porque antes debe de resolverse este conflicto interno.

Una vez tengas claridad, adivina qué va a suceder: vas a lograr tus objetivos y, una vez que los logres lo que harás es CELEBRARLO y después CONTRIBUIR.

El secreto de la vida es DAR y, cuando das a otros, cuando das más, el ciclo de alegría, de plenitud y sentido de la vida sigue. Todo funciona. Cuando das, recibes y vuelves a dar.

Por eso, para mí vivir limitle$$, es crear una vida EXTRAordinaria, ese EXTRA, hacer más, querer más, tener hambre, tener sed.

No te conformes con menos de lo que puedas ser, hacer, compartir, crear y dar cada día.

CARTA A MI HIJO: LUIS GARCÍA MARTÍNEZ

"Dar ejemplo no es la principal forma de influir en los demás, es la única".

ALBERT EINSTEIN

Me casé con mis sueños y con ser ejemplo para ti.

Me elegiste y llegaste para ayudarme a vivir limitle$$.

Eres mi mayor maestro y cada día me lo recuerdas con más errores que aciertos, y más de los que pueda contar. He hecho lo mejor que he sabido en cada instante y siempre has estado en mi SER.

Estoy…

- Entusiasmado por verte crecer y ser feliz.

- Comprometido con ser ejemplo para ti.

- Agradecido por todas tus enseñanzas.

Sigue tus sueños. No tienes que vivir como todos los demás. Siempre estaré orgulloso de ti, no importa lo que hagas.

Sé más, haz más, da más, sirve más.

Gracias, gracias, gracias,

TE AMO.

¿Y AHORA QUÉ?

¿Puedo pedirte un favor?

Por favor, escríbeme y hazme llegar tus fotos con el libro y comentarios al email: **ahora@lgaruiz.com**

Me encantará conocerte y saber de qué forma ha mejorado tu vida porque mi intención es dejar un mundo de personas que quieran ser mejores cada día para vivir limitle$$.

Sé una fuente de inspiración para quienes te rodean. Es posible que ayudar a una persona no cambie el mundo, pero si puedes cambiar el mundo de una persona.

Puedes sacar fotos del libro y compartirlas en tus redes sociales con el hashtag **#VivirLimitless** para que esas personas puedan llegar a ellas igual que tú y que yo.

¿Te importaría dedicar unos segundos y ayudarme con una reseña en Amazon? Millones de gracias.

¡EMPIEZA VIVIR LIMITLE$$!

Sigámonos en las Redes Sociales:

Visualiza mis contenidos en Instagram:

http://www.instagram.com/lgaruiz

Visualiza mis vídeos en Youtube:

http://youtube.com/lgaruiz

Consulta más información en mi web:

http://www.lgaruiz.com

Accede a recursos gratuitos en Facebook:

http://www.facebook.com/lgaruiz

Más libros del autor:

www.lgaruiz.com